はじめに

　英語を読むことなら苦にはならないが，和文英訳は遠慮したいという人が多い．英語を話したり，英語で手紙を書くことはなんとかなるが，人様の書いた日本語を英語にするのは苦手だという人もある．この本はそういう人達を対象においている．
　言葉はいつも何かを表現している．表現者自身が何を語っているのか分かっていない場合でさえそうである．ある言語で表現されている事柄を把握して，それを他の言語で表現すること，それが翻訳と言われる作業だろう．だから翻訳は外国語の習得のためには本質的な部分ではない．外国語の勉強は，その言葉で聴き，話し，読み，書けるようになることを目指すべきであって，翻訳を中心に考えてはならない．
　日本の英語教育の歴史は長いが，この点に関して本質的な誤解を重ねていたのではないか．英語を日本語に置き換えて理解する（訳をつける）漢文訓読式の英語が横行し，結局，英語風日本語の習得に終わっていたということを繰り返してきたのではないか．残念ながら，この傾向はいまだに残存しているのであって，例えば，英語を読むことと英文和訳との混同にそれを見ることができる．左から右へと英語の流れを追い，そこに述べられている事柄を理解できれば英語を読む作業は完結する．そのようにして把握された事柄をいかに日本語で表現するかという英文和訳は，英語を読むという作業とは（より高級なとまでは言わないとしても）まったく別種の作業なのであって，両者の違いははっきりさせねばならない．
　和文英訳の場合は事態はさらに悲劇的である．言語体系を全く異にする日本語へ「英作文の公式」とかいうものを無理やり当てはめ（つまり訓読式英語），それを「正解」と称して押し付けることが最近まで行なわれていたのである．英語を母国語とする人たちが読んだら意味不明だが，ある特殊な訓練を受けた日本人にはよく分かる英語が流布していたのだ．
　和文英訳の第一段階は，まず和文の表す事柄を正確に理解する努力である．日本語を母国語とするものなら，日本語の文章は理解できるはずだと

いう暗黙の前提を疑うことである．日本語の単語に英語の単語を照応させ，あとは「公式」にのっとって転換するという機械的方法の限界に気付いた者は，当然，和文の表す事柄を把握し，それを多少拙くとも正確な英語で表現するという「正道」にも気付いている．とすれば，問題は和文の内容を読み取る装置＝文法ではないか．もちろん，日本語の文法は日本語の話者には「自然」に備わっているものであって，普段は意識する必要はない．しかし今，ある外国語へ翻訳することを前提に日本語の分析をしようとする場合，自分の持つ解読装置の自覚化が必要ではないか．つまり自分はこの文をこのような事柄の表現として理解したが，それはこれこれの理由によると自分を納得させる根拠が必要ではないか．

残念ながら我が「学校・国文法」は「かろ，かつ，く，い，い，けれ」の文法であって，外国語への翻訳を前提に文を分析するという視点は持っていない．そこで本書は日本語の文法の検討から出発する．もちろん，日本語の文法体系を打ち立てることを目指すものではないから，話題はあちらへ飛びこちらへ移るという形にならざるを得なかった．しかし，英語を常に念頭に置いて述べているので，断片的とはいえ「日英比較文法論」の側面を持つものでもある．その意味で「英文和訳」にも，思わぬヒントを提供しているかもしれぬ．

まさか誤解はないと思うが，日本語さえ分かれば和文英訳はできると主張しているのではない．とらえられた事柄を英語でどう表現するか，その結果が問われていることは明らかである．英語の表現力を高めていくことが必要であることは至極当然のことである．しかし，英語の表現が多少拙くとも，和文の表す事柄が正確に英語で表されていれば「和文英訳」の作業は完遂されたと見なすべきだ，というのが本書の主張でもある．

翻訳という二つの言語間を飛び交う作業は，単なる語学力と異なる別種の能力が要求されている．大学人がそのことをどこまで意識しているかは不明だが，「英文和訳」「和文英訳」が大学入試で依然として有力な出題形式であることは，彼等が少なくとも本能的にはそう考えていることの証拠である．

本書の作成に当たっては，龍谷大学講師・Thomas Wright 氏の全面的協力を得た．曹洞宗の僧籍を持ち，道元の翻訳・研究家としても著名な氏と日本語・英語の材料を前に語り合えた．氏の友情に深く感謝する．

　1992 年 3 月

長 島 貞 樹

目　次

第Ⅰ部　文法を考える

第1章　ボクはウナギだ——助詞「は」　2

第2章　ゾウはハナが長い——「〜は〜が構文」　14

第3章　出来事との関係——苦楽述語　27

第4章　完了と未完了——「〜た」の働き　41

第5章　「〜ている」の諸相　55

第6章　述語動詞句の構造　72

第7章　文の体言化——二つの「こと」　86

第8章　連体修飾節　100

第Ⅱ部　文脈を考える

第9章　「名詞」の「名詞」　*118*

第10章　言葉の塊——連体か連用か　*132*

第11章　言葉の復元力——言い間違い　*145*

第12章　柔軟／傲慢——「喩え」を考える　*158*

第13章　終わりのない終わり——言葉をめぐる随想　*174*

本書の使用法

　まず紙と鉛筆，英文法の参考書と英和辞典（和英辞典ではない）を用意して欲しい．英文法の本は，参考文献に挙げておいた二冊以外でも，相当に詳しいものならよい．英和辞典は，語法の説明の多い（高校生・大学生向きの）学習辞典ならどれでもよい．本文の中に随所に（文法：○○）というところがある．これは文法書の目次および索引を活用して当該の項目を研究せよ，ということ．英和辞典で○○を調べよ，とあれば必ず調べてほしい．

　本書の性質上，英語の説明は自己規制したので，以上の点は忠実に実行してほしい．指定された箇所以外でも不明のことがあれば，必ず文法書と辞典で調べてほしい．なお，和英辞典は普通名詞，例えば「うばぐるま」は英語でなんというのかという場合以外は，和文英訳の勉強の役には立たないから，どこかにしまっておくこと．

　練習問題・実戦問題は必ず自分の英文を作成しておくこと．実戦問題には詳細な〔考え方〕が付いているので，それを参考に自分の作成した英文を添削し，〔考え方〕を利用して，今一度英文を書いて〔作例〕と付き合わせてみるとよい．

略語表

S	主語
V	動詞
O	目的語
C	補語
to-V	不定詞
V-*ing*	現在分詞または動名詞
p.p.	過去分詞
（文頭に）×	文法的に不可もしくは意味不明
（文頭に）？	あまり使われないか，文法上やや難のある文

参考文献

奥津　敬一郎	『「ボクハウナギダ」の文法』	くろしお出版
三上　章	『象は鼻が長い』	くろしお出版
井上　ひさし	『私家版・日本語文法』	新潮文庫
金田一　春彦	『日本語・新版（上・下）』	岩波新書
清水　義範	『国語入試問題必勝法』	講談社文庫
渡辺　実	『国語文法論』	笠間書院
池村　六郎（訳）	『テレビを＜読む＞』	未来社
佐藤　信夫	『レトリック感覚』	講談社文庫

*

| 江川　泰一郎 | 『英文法解説・改訂三版』 | 金子書房 |
| 安井　稔 | 『英文法総覧』 | 開拓社 |

出題校一覧

第1章 〔実戦問題〕鶴見大・武蔵大・神戸市外大（一部改）・同志社大・中央大・愛知県立題

第2章 〔実戦問題〕杏林大・愛知大・東北学院大・信州大・大谷女子大・京都教育大・東京大

第3章 〔実戦問題〕富山大・実践女子大・学習院大・都留文大・横浜国大・東京大

第4章 〔実戦問題〕愛媛大・大阪薬大・フェリス女子大・お茶の水女子大・愛知教育大・都立大（現・首都大）・岩手大

第5章 〔実戦問題〕日本女子大・名古屋大・同志社大・福井大・福島大・小樽商大

第6章 〔実戦問題〕慶応大・お茶の水女子大・成城大・大阪女子大・横浜市大・京都大・都立科学技術大（現・首都大）

第7章 〔実戦問題〕北海道大・新潟大・東北大・都立大（現・首都大）・佐賀大・京都大・東京大

第8章 〔実戦問題〕同志社大・横浜市大・広島大・徳島大・横浜市大・京都大・滋賀大

第9章 〔練習問題〕お茶の水女子大・中央大・明治学院大・熊本大・愛知教育大
〔実戦問題〕中央大・大阪府大・秋田大・大阪市大・大阪外大

第10章 〔本文〕秋田大（一部改）
〔練習問題〕慶応大・京都府大・広島大・同志社大・宇都宮大
〔実戦問題〕同志社大・法政大・富山医薬大・津田塾大

第11章 〔本文〕横浜国大
〔練習問題〕大阪工大・新潟大・同志社大・奈良女子大・名古屋学院大
〔実戦問題〕北九州大・神戸市外大・東北大・大阪大・一橋大

第12章 〔本文〕同志社大
〔練習問題〕高知大・大阪大・お茶の水女子大・中央大・島根医大
〔実戦問題〕日本女子大・名古屋市大・大阪薬大・浜松医大・東北大

第13章 共立女子大・横浜市大・宇都宮大・一橋大・一橋大・立命館大・京都大・大阪大（一部改）・京都大

第Ⅰ部　文法を考える

第1章　ボクはウナギだ──助詞「は」

　　　あの人は教員だ．

を英訳すれば当然，

　　　He is a teacher.

となる．しかし，

　　　あの人の仕事は教員だ．

を英訳するのに，

　　× His profession is a teacher.

としてはならない．teacher は「教える人」の意であるから，「仕事 is 人」という関係は成り立たないと，英語の教員は説明する．

　　　He is a teacher.
　　　He teaches history/ math./ English.

等と言えと，それはその通りであるが，それなら日本語では「仕事は教員（人）だ」と言い得るのは何故なのか．たとえば，友人と食事に行き，「僕は寿司にするけど君は」と尋ねられて，

　　　僕はウナギだ．

と答える．ごく普通の応答と思われるが，これを英語で，

　　× I am an eel.

としてはならないことはほとんど自明であろう．以下同様の和文を「ウナギ文」と呼ぶことにする．ウナギ文は，いくつかの例外を除いて，言葉の置き換えだけでは英語にならない．

―――― 練習問題 ――――

以下の文がウナギ文であるか否かを考えてから，英訳せよ．
1.「あなたはどなた」「私は花子よ」
2.「どちらからいらしたのですか」「私は東京です」

3. 今の電話は田中さんでした．
4. 君の年頃には，君とちょうど同じ身長だったよ．
5. 我輩はネコである．
6. 私は早稲田で，彼女は慶応です．

以下の内のウナギ文は，2，3，4，6である．英語の"A is B"という時のbe動詞はcopula（連結詞）と呼ばれ，become, look, remain等その仲間と考えられる動詞は約60あると言われる（文法：第2文型S+V+C）．名詞が補語（B）である場合，一般的に言って「主語（A）は補語（B）に含まれる／所属する」という関係があると言える．即ち，A⊆B．"="がつくのは，

Tokyo is the capital of Japan.
The capital of Japan is Tokyo.

とどちらを主語にしても良い場合である．
　これに対して和文の「AはBだ」の表現は，相手に含まれたり所属したりすることはなくても，AとBとが何らかの関係を有していることを表しているのであって，

私は長島です．

という一見非ウナギ文も，場面をプロ野球の歴史上の名選手を語り合っていると設定して，ある人が「私は川上が（中西が／野村が／王が etc.）一番だと思う」と語ったのに対してであれば，これは立派なウナギ文である．

〔練習問題の解答と解説〕

1. "Who are you?" "I am Hanako."
2. "Where do you come from?" "I come from Tokyo."
　　この場合のcomeは状態動詞で「〜出身である」の意（文法：状態動詞と動作動詞——進行形との関係）．あるいは，「be+前置詞+名詞」の形で，

"Where are you from?" "I am from Tokyo."

3. The call was from Mr.Tanaka.
   Mr.Tanaka just called.
4. When I was your age, I was the same height as you.
   「私 is 年齢」や「私 is 高さ」と実は英語にも少数ながらウナギ文らしきものがある例．「記述の対格」と呼ばれる（文法：目的格）．
5. I am a cat.
6. I go to Waseda and she goes to Keio.
   または卒業生と考えれば，
   I graduated from Waseda and she from Keio.

実戦問題

1. 彼はまだ二十代であるが，彼の言うことはいつも筋が通っている．（鶴見大）
2. 古くからの習慣の中には無視することのできないものも少なくない．土用のうなぎもその一つである．（武蔵大）
3. だれが見てもわかるように電車の車掌というのは楽な仕事ではない．一年とたたないうちに続かなくなってやめる者も多い．（神戸市外大・一部改）
4. この世では失敗を恐れていては何ひとつできない．過去に名をなした人は，たいてい失敗につぐ失敗の人生であったといってもよい．（同志社大）
5. 日本の若者10人のうち7人はまったく無宗教だと言われる．ところがこのごろ神社やお寺は入試合格を祈願する生徒でいっぱいだ．（中央大）
6. 大げさな言い方だが，人生は選択の連続だ．一瞬ごとに，人はいくつかの道の一つを選んでいる．何をするにしても，あるいはしないにしても，反対の行き方や別の道が多分ある．だが，人は一つを選びとる．（愛知県立大）
7. 学生や私のような教員にとって，本は趣味なのだろうか仕事なのだろうか．論文に追われて夜を徹して読む本はとても趣味とは言

> えない．しかし楽しみのつもりで読んでいた本から仕事上の思わぬヒントを受けたりもするのだから，結局本は私の仕事なのかも知れぬ．

考え方

1. 彼はまだ二十代であるが，彼の言うことはいつも筋が通っている．
   * 「彼はまだ二十代である」がウナギ文であることは自明であろう．"be in his twenties" と前置詞がいる．
   * 「彼の言うこと」"what he says"（本書第7章）も "his words" もよい．
   * 「いつも筋が通っている」"always make sense" や "be always consis-tent"（always の位置に注意．文法：副詞の位置―頻度の副詞）とするか，主語を「言うこと」にしないで，たとえば "he always speaks logically"．

2. 古くからの習慣の中には無視することのできないものも少なくない．
   * 「古くからの習慣」の「から」にこだわれば，"customs that have been handed down from years past" となるが，「古い習慣」と考えれば簡単．
   * 「無視することのできない」"we cannot ignore"．または受身にして，"customs cannot be ignored"．"ignore" と "neglect" の違いを英和辞書でたしかめよ．
   * 「少なくない」 数量を表す言葉は日本語では述部にくることが多いが，英語では主語または目的語になることが多い．"not a few/ a lot of/ many customs"．

   土用のうなぎもその一つである．
   * これがウナギ文であることは「うなぎ」で自明．「うなぎを食べること」と考える．
   * 「土用のうなぎ」「土用」は本来春夏秋冬の四季にあるものだが，

今日では盛夏を指す．"eating eel in the hottest season/having eel during high summer"．食べ物の"eel"には冠詞をつけない（文法：普通名詞，物質名詞）．
  * 「その一つである」"be one of them"

3. <u>だれが見てもわかるように電車の車掌というのは楽な仕事ではない．</u>
  * 「だれが見てもわかるように」"as everyone knows/as anyone can see"
  * 「電車の車掌というのは楽な仕事ではない」「というのは」は冗語（余分な言葉）である．「車掌は仕事だ」というウナギ文．「車掌」を主語にして，"a train conductor is not in an easy position/does not have an easy job"．「仕事」を主語にして，"the job of conducting a train is not an easy one".
  <u>一年とたたないうちに続かなくなってやめる者も多い．</u>
  * 「一年とたたないうちに」"within a year/before even a year (is up)".
  * 「続かなくなってやめる者も多い」「続かない」と「やめる」は結局一つの事態を述べている．次のような英語は不自然に響く．"Many don't continue in the job for even a year and quit".

4. <u>この世では失敗を恐れていては何ひとつできない．</u>
  * 「この世では」"in this world/in one's life"であろうが，「あの世」を考えて対比をしているわけではないから，無視するのが一番良い．
  * 「失敗を恐れていては」if 節で書く．日本語では主語を書く必要のない文であるが，英語では主語を決めねばならないので，一般に人間を表す"one/we/you"のいずれかを使う．"if you are afraid of failure".
  * 「何ひとつできない」呼吸・食事・排便等もできないということではない．「意味あることを達成できない」の意であるから，"cannot accomplish anything/can accomplish nothing/cannot do anything of value".

<mark>過去に名をなした人は，たいてい失敗につぐ失敗の人生であったといってもよい．</mark>

* 「過去に名をなした人」「過去」といっても「これまでに」の意味だろうから，現在完了で "those who have attained fame/have made a name for themselves" または，簡単に "famous people in the past"．
* 「たいてい失敗につぐ失敗の人生であった」「人は人生だ」はウナギ文．「失敗だらけの人生を送ってきた」と解する． "have led (lived) lives full of failures" または分詞構文で， "～, piling failure upon failure"． "failure" か "failures" は「失敗」を個々のものととらえるか否かで決まる．（文法：抽象名詞の普通名詞化／加算名詞と非加算名詞）
* 「といってもよい」 "we may say (that)/it can be said (that)"．なお，「たいてい」は，ここで譲歩的表現をつかうのだから表現しなくともよい．

5. <mark>日本の若者10人のうち7人はまったく無宗教だと言われる．</mark>
   * 「日本の若者10人のうち7人は」 "7 out of 10 young people in Japan"．
   * 「まったく無宗教だ」「人は（無）宗教だ」というウナギ文．「彼は病気だ」や「彼女は独身だ」等この種のウナギ文は多い．「宗教を信じていない／宗教的ではない」 "don't believe in any religion/have no religion/are not religious"．
   * 「と言われる」 "it is said that/they say"．

   <mark>ところがこのごろ神社やお寺は入試合格を祈願する生徒でいっぱいだ．</mark>
   * 「ところが」 "But/However" 後者なら文中で " , however," としてもよい．
   * 「このごろ」 "these days/today" は現在形， "recently" は現在完了形を使う．
   * 「神社やお寺」 "shrines and temples"

第1章　ボクはウナギだ——助詞「は」

* 「入試合格を祈願する」 "pray for success in their entrance exams"
* 「生徒でいっぱいだ」 主語を "a lot of/hordes of students" とし，述部を "are praying 〜" または "visit 〜 to pray" とするか，"students are swarming to 〜"

6. 大げさな言い方だが，人生は選択の連続だ．
   * 「大げさな言い方だが」 "It may be a bit of overstatement, but 〜"
     または，
     "If I am allowed to overstate a little,".
   * 「人生は選択の連続だ」 ウナギ文であることを見破って，「人生ではいつも選択をしなければならない」と考え，"in life one has to make choices continually" と考えるか，「人生」を主語（文法：無生物（非物）主語）にして "human life demands/requires continuous choosing" とするのがよい．但し，「人生」は何にでもなりうるという特徴があり（本書第12章），「人生は酷いとこだぜ／ Life is the pits.」とも言えるのだから，"life is a series of choices" も可．

   一瞬ごとに，人はいくつかの道を一つ選んでいる．
   * 「一瞬ごとに」 "at any/every moment" または "in any one moment".
   * 「人はいくつかの道の一つを選んでいる」 "we choose one among many possible ways/paths". 「道」は "possibilities" も可．

   何をするにしても，あるいはしないにしても，反対の行き方や別の道が多分ある．
   * 「何をするにしても，あるいはしないにしても」 "whatever we do or don't do" "whatever" の前に "in/regardless of" を付けてもよい．
   * 「反対の行き方や別の道がたぶんある」「反対の」といっても「逆方向」とは限らないだろう．「行き方」と「道」は同じことと考えて，
     "there is always an other or different choice/way".

   だが，人は一つ道を選びとる．
   * 「だが」 "but" だけでもよいが，「だがとにかく」と考えて "but in any event"

* 「人は一つを選びとる」「選びとらねばならない」であろう.

7. 学生や私のような教員にとって，本は趣味なのだろうか仕事なのだろうか.
   * 「学生や私のような教員にとって」"for students and teachers like me".
   * 「本は趣味なのだろうか仕事なのだろうか」「本は趣味だ」はウナギ文.「本を読むことは」と解する.「これから読む」のではなく，「いつも読んでいる」のだから V-ing が良い.「趣味」は "a pleasure/a hobby".「仕事」は "a job/work".

   論文に追われて夜を徹して読む本はとても趣味とは言えない.
   * 「論文に追われて」「論文のために」と考えて，"for my paper/thesis".
   * 「夜を徹して」"stay up late".「徹夜」と考えれば "stay up all night".
   * 「読む本」"a book which I read for my paper staying up late" とすると，主語が長すぎる上にこの文全体がウナギ文であるという難問に直面する.「〜本を読む時，そのことはとても趣味とは…」と考えよ（本書第 10 章）.
   * 「とても趣味とは言えない」"be hardly (can hardly be called) a hobby".

   しかも楽しみのつもりで読んでいた本から仕事上の思わぬヒントを受けたりもするのだから，結局本は私の仕事なのかもしれぬ.
   * 「しかも」"besides/moreover".
   * 「楽しみのつもりで」"to kill time/for pleasure".
   * 「読んでいた本から」"from a book I read 〜" でもよいが，「本を読んでいると」と考えて，"when reading a book 〜".
   * 「仕事上の思わぬヒント」"an unexpected hint (valuable) for my work".
   * 「受けたりもする」「受けることも時にはある」と考えて，"I some-

times get".
* 「のだから」節を"because/since/as"で始めてもよいが,複雑な構文を避け"so"で前半と後半を結ぶのが簡単.
* 「結局」"after all/after all is said and done"だが,冗語と見て無視も可.
* 「本は」勿論「本を読むことは」.
* 「私の仕事なのかもしれぬ」"it can be said/it may be that"とthat節の左側で表してもよいし,"maybe"や"perhaps"としてもよい(本書第6章).

作 例

1.

(1) Though he is still in his twenties, what he says is always consistent.

(1′) Though still in his twenties, what he says always makes sense.

(2) Although he is still in his twenties, he always speaks logically.

2.

(1) There are many old customs that we cannot ignore. Eating eel in the hottest season is one of them.

(2) We cannot ignore a lot of customs that have been handed down from years past. Enjoying eel during high summer is one of them.

3.
  (1) As anyone can see, the job of conducting a train is not an easy one. Many quit before even a year is up.
  (2) As everybody knows, a train conductor is not in an easy position. Many leave within a year.
  (2') As everybody knows, being a train conductor is not easy. Many quit the job within a year.

4.
  (1) You cannot accomplish anything if you are afraid of failure. We may say that those who have attained fame have led lives full of failures.
  (2) We cannot do anything of value in our life if we are afraid of failure. It can be said that famous people in the past lives, failure upon failure.

5.
  (1) It is said that 7 out of 10 young people in Japan don't believe in any religion. These days, however, a lot of students are praying at temples and shrines for success in their entrance exams.
  (2) They say that seven out of ten young people in Japan are not religious. Recently, however, students have been swarming

to temples and shrines, praying for success in their entrance exams.

6.

(1) It may be a bit of overstatement, but in life one has to make choices continually. At any moment we choose one among many possible paths. Whatever we do or don't do, there is always another or different choice. But in any event we have to make one choice.

(2) If I am allowed to exaggerate a little, human life requires continuous choosing. At any moment we choose from among many possibilities. Regardless of whatever we do or don't do, there is always another or different way. But at all events we have to choose.

(2') If I am allowed to exaggerate a little, in life we have to make choices. At any one moment we choose from among a myriad of possibilities. Regardless of the choice we make, there is always another way. In any case, choosing is inevitable.

7.

(1) For students and teaches like me, is reading just a pleasure or is it a job? When I read a book for my paper staying up late, it is hardly a pleasure. Besides, when reading to kill time, I sometimes get an unexpected hint valuable for my work, So

perhaps reading is my job.

(1′) For students and teaches like me, is reading simply a pleasure or is it a job? When I stay up late reading a book for a paper, I hardly conceive of doing so a pleasure. Moreover, when reading to kill time, I sometimes pick up an invaluable hint for my work. So perhaps reading is my job.

(2) For students and teachers as me, is reading merely a hobby or is it our work? When I read a book for my paper staying up all night, it can hardly be called a hobby. Besides, when reading for pleasure, I sometimes get an unexpected hint for my work. So after all is said and done, it may be that reading is my work.

第2章　ゾウはハナが長い——「〜は〜が構文」

　　　ボクはウナギだ．

が不明確であるなら，

　　　ボクは注文がウナギだ．

と，小項目を足してやることができる．この文の「ボク」は「主題」（または大主語）と呼ばれ，「注文」は「主語」（または小主語）と呼ばれる．

　　× I am an order is eel.

という英語が存在しないことを考えれば，英語には「〜は〜が構文」が存在しないのだから，主題を表すことが容易ではないことが分るだろう．文頭に主題の部分が来ることが多いので，そこに受動態の必然性（文法：受動態が使われる理由）や，倒置構文の必要性（文法：強調のための倒置）がある．日本語でも主題は文頭に来るが，

　　　京都では学生時代の友人と会った．

のように「格助詞＋は」の形になる．ところが，主格「が」と対格「を」は（まれには「に」も）「は」によって置換され消えてしまう（但し「をば」は使われる）．故に，

　　　ウナギはボクが食べた．

という文では，「ウナギ」は主題であると同時に，「食べた」の目的語でもある．

―――― 練習問題 ――――

「は」で示される語の格を考えて英訳せよ．
1. 象は鼻が長い．
2. おもちゃは子供が片付けるべきです．
3. 日本人はたいてい味噌汁が好きである．
4. 仕事はすませましたが，今晩酒はのみません．

5. 東京は人口が多いです．
6. 日曜日は教会へ行きます．

　こうしてみると，「は」と「が」（および「を」）という助詞の働きは互いに重なり合う点を持ちながら微妙な差があることが分る．たとえば「何が鼻が長いか」と説明を求められれば，

　　鼻は象が長い／鼻が長いのは象だ．

と答えるのが自然である．「象の特徴は何か」と尋ねられれば，

　　象は鼻が長い．

と言うべきだろう．「は」は既知の情報を，「が」および「を」は未知の情報を担っていると言える．その意味で「は」と "the"，「が」および「を」と "a/an" の間にある対応関係が認められる場合が多い（文法：冠詞）．

　　空は青い．

という文は「空」の一般的性質を述べる「品定め文」であるが，

　　空が青い．

という文は，ある特定の（いま現在の）「空」について報告する「物語り文」である．「は」が終止形に係る係助詞だと学校文法で説明されるのも，

　　僕が（の）会った人

というような連体修飾節の中では，「は」は通常使えない点を考えてみれば合点が行く．

〔練習問題の解答と解説〕

1. **An (The) elephant has a long trunk.**
   Elephants have long trunks.
2. **Children should put away their toys.**
3. **Most Japanese like miso-soup.**
　「味噌汁が」であるから，日本語では対象が主語になっている．この「が」を主格とは区別して「対象格」と呼ぶ人もあるが，対象が主語となることは英語にも見られる現象である．たとえば，

The news surprised us. （文法：日本語では能動態，英語では受動態）
4. **I have finished the job but I am not going to drink this evening.**
主語（私）は必要の無いかぎり言ってはならないのが日本語の原則．
5. **There are a lot of people in Tokyo.**
 Many people live in Tokyo.
 Tokyo has a big（large）population.
最後の列で形容詞が big であることに注意．日本語でも「大人口」．
6. **On Sunday I go to church.**
「日曜日」が「行く」のではない．

実戦問題

1. 昼ごろ私は頭が痛み，体が熱っぽいのに気がついた．かぜを引いたのだと思った．（杏林大）
2. 私はとりわけ樹木が好きである．旅行にでても，木の生えていない山をみると，その山がいくら高くても有難いとは思わない．（愛知大）
3. 仙台の人口は50万以上で，文字通り東北の文化の中心である．しかし東京都くらべると仙台ははるかに静かな都会である．（東北学院大）
4. 今や家屋は値段が高くなりすぎたので，若い人達たちは将来のために貯金をするよりはむしろ現在の生活を楽しむことにお金を使おうとする．（信州大）
5. 子供は母親が育てるものだという考えが強いようです．しかし，わたしたちは共働きですから，育児は分担することにしています．うちでは土曜日は夫が家にいて息子の世話をしてくれます．食事はほとんど夫が用意してくれるので，息子は夫のつくったものの方が好きになりました．（大谷女子大）
6. 加藤は山は信じたが，山において人は信じなかった．それが加藤文太郎の信条であった．山においては結局は自分以外にたよるも

のはないという信念が，加藤を偉大な登山家に仕立てあげた．（京都教育大）
7. 孫たちが騒いでいたらしく，部屋は散らかり放題散らかっていたが，彼は少しも気にしなかった．椅子の上にのっている玩具を自分でのけて,「どうぞ」と私に言って自分も腰をかけた．（東京大）

考え方

1. 昼ごろ私は頭が痛み，体が熱っぽいのに気がついた．
   * 「昼ごろ」 "around noon/about noon".
   * 「頭がいたむ」 "have a headache/suffer from a headache".
   * 「体が熱っぽい」 "feel feverish/have a slight fever".
   * 「私が〜気がついた」「私—頭」,「私—体」と主題と主語が分れて表現されているが，英語では"I"に収斂する．要するにこの部分は無視せざるを得ない．

   かぜを引いたのだと思った．
   * 「かぜを引いた」 "have caught (a) cold". "have a cold"は「〜引いている」
   * 「〜と思った」「が，実は白血病であった」という場合以外は冗語．

2. 私はとりわけ樹木が好きである．
   * 「私は〜が好きである」 練習問題の3を参照. "I especially love trees."

   旅行にでても，木の生えていない山をみると，その山がいくら高くても有難いとは思わない．
   * 「旅行にでても」「旅行中に」. "while (I am) traveling/in traveling"
   * 「木の生えていない山をみると」 "when I find a mountain without trees"とするのが素直だが，次の部分と関連して，「高い山を見ても木がなければ」と理解しても良い. "if it has no trees".

第2章 ゾウはハナが長い——「〜は〜が構文」

* 「その山がいくら高くても」 "no matter how high/however high it is".
* 「有難いとは思わない」「感謝しない」ではなく「感心しない」の意味だろうから, "I don't admire it/I am not impressed".

3. 仙台の人口は50万人以上で, 文字通り東北の文化の中心である.
   * 「仙台の人口は50万人以上で」 勿論, "the population of Sendai is 〜"と書けるが, 次の「〜中心である」の主語は「人口」ではないのだから, 「仙台は人口が50万人以上で」と読み変える. "Sendai has a population of over half a million".
   * 「文字通り」「臺」の字に「政府の役所」の意味や, 貴人の物事に冠する用法があることは「邪馬臺国」論争で知られているが, 筆者がそのことを知り, かつ読者の同様の知識を前提にしているとは思えないので "without exaggeration" がよい.
   * 「東北の文化の中心」 "the cultural centre of (the) Tohoku (district)".

   しかし東京とくらべると仙台ははるかに静かな都会である.
   * 「しかし東京とくらべると」 "but (when) compared with Tokyo" であるが, 次の部分で比較表現を使うと比較の対象は「東京」であるのだから冗語だとも言える.
   * 「仙台ははるかに静かな都会である」 "Sendai is a far quieter/less crowded city than Tokyo".

4. 今や家屋は値段が高くなりすぎたので, 若い人たちは将来のために貯金をするよりはむしろ現在の生活を楽しむことにお金を使おうとする.
   * 「今や〜ので」 次の節と "〜, so 〜" で結ぶか, "Now (that) 〜" と副詞節で.
   * 「家屋は値段が高くなりすぎた」「家屋」を主語にして "housing today has skyrocketed".「家屋の値段」を主語に "the price (cost) of a house has be come too/so/extremely high".

* 「若い人たちは〜お金を使おうとする」 主語—述語の関係を先ず把握する.「若い人たち」"young people".「お金を使う」"spend/use money".「使おうとする」「使いがちだ」と考え,"tend to/be apt to".
* 「現在の生活を楽しむことに」"to enjoy their lives/in enjoying their lives".
* 「将来のために貯金をする」"to save (money) for the future".
* 「よりはむしろ」"rather than" を使うなら, "to-V rather than V/in V-ing rather than in V-ing" で書く."instead of V-ing" は前の形に無関係に使える.

5. <u>子供は母親が育てるものだという考えが強いようです.</u>
   * 「子供は母親が育てるものだ」「母親が子供を育てる」という格関係であるが,「子供」が主題になっている."mothers should raise their children". 受身を使えば,「子供」で始められる. "children should be raised by their mothers".
   * 「という考えが強いようです」「世間一般の考え」であるから, "people tend to think that". または「考え」を主語に "the prevailing idea (trend) is that 〜".
   <u>しかし, わたしたちは共働きですから, 育児を分担することにしています.</u>
   * 「しかし, わたしたちは共働きですから」. "work in double harness"(二頭立てで働く)というおどけた表現を知る必要はない. "both of us work" で十分.
   * 「育児は分担することにしています」"we share (the duty of) taking care of our son".「育児」をどういうかと考え込む前に文脈から「息子の世話」と解す.
   <u>うちでは土曜日は夫が家にいて息子の世話をしてくれます.</u> ※
   * 「うちでは土曜日は夫が家にいて」「うちでは」は冗語. "my husband is home/does not work on Saturdays". "Saturdays" と複

数にすると「いつも」の意味.
* 「息子の世話をして」"take care of"でよいが重複を避け"look after"も可.
* 「くれます」 妻の夫に対する感謝の念の表現だが（本書第3章），冗語と考える.

<mark>食事はほとんど夫が用意してくれるので，息子は夫のつくったものの方が好きになりました.</mark>
* 「食事はほとんど夫が用意してくれるので」「ほとんど」は量の表現であろうが「たいてい」と考えて"usually"．「夫が食事を用意する」という格関係．英語で"prepare a meal"は「調理する」の意であるが，そのことがこの文に無意識的に反映している．「くれる」は※のように考えてもよいし，ここでは「妻」は直接的受益者でもあるので，"for us"と表現してもよい．
* 「息子は〜が好きになりました」「なりました」は変化の結果,「好きである」と考える．日本語は過程を，英語は現状を重複するという仮説もある．
* 「夫のつくったものの方が」「夫の料理」"his cooking"と考える．あとは比較の言い方．"prefer A to B"か"like A better than B".

6. <mark>加藤は山は信じたが，山において人は信じなかった.</mark>
* 「加藤は山は信じたが」「山は」は次の「人は」と対をなす対比の「は」．格は「を」である．「信じる」は"believe"か"believe in"か英和辞書で確かめよ．
* 「山において人は信じなかった」「山において」は，"when (he was) in the montains". これを先に書いたほうが，対比の感じがよくでる．

<mark>それが加藤文太郎の信条であった.</mark>
* 「それが加藤文太郎の」"Kato Buntaro's". 名前は日本語と同じ順序で書く．毛沢東は Mao Ze-dong, ホーチミンは Ho Chi-Minh, 金日正は Kim Il-sŏng.
* 「信条であった」 色々な訳語が考えられようが，「行動原則」は

"principle".

<mark>山においては結局は自分以外にたよるものはないという信念が，加藤を偉大な登山家に仕立てあげた．</mark>

* 「結局は自分以外にたよるものはない」「結局は」は冗語．「自分以外を頼りにできない」と考えて，"he could not rely on anyone but himself".
* 「という信念が」 同格型の連体修飾（本書第8章）であるから，"the belief that ～". 「信念」という無生物（非情物）が「仕立てあげる」という他動詞の主語になっている翻訳調の文体であるから，そのまま英語にしやすい．
* 「加藤を偉大な登山家に仕立てあげた」"made Kato a great alpinist". 「信念」を主語にせずに，「～と信じていたので，偉大な登山家になった」と解するも可．

7. 慌てて英訳する前に，和文をよく読んで，「孫たち，彼，自分，私」がそれぞれ何を指しているのか考えてもらいたい．もし，「（初老の）私が（友人の初老の）彼を訪ねたら，彼の孫たちが…」としか考えられないとすれば，和文の誤読による誤訳を犯すことになろう．この文は小生意気な孫息子を前に，嬉しいような苦々しいような気分に陥っている「私」の情景を述べたものと思われるが，以下検討しよう．

<mark>孫たちが騒いでいたらしく，部屋は散らかり放題散らかっていたが，彼は少しも気にしなかった．</mark>

* 「孫たちが」「彼の」であれば，「お孫さんたちが」でなければならない．「私の孫の何人か」では，次の「彼は」が生きてこない．ここは「私の孫とその友達」の意である．「山田さんたちが来ました」が「山田さんを代表とする一群の人達が来ました」の意であって，「一群の山田さんが来ました」ではないのと同じ．英語では学術論文で"Yamada et al."という言い方を使うが，日常語ではない．
* 「騒いでいたらしく」「騒ぐ」には"raise a ruckus"という言い方があるが，知らなければ「子供達だけで遊ぶ」と考えて"play by

themselves". 「〜でいた」は私の訪問時までの継続だから過去完了進行形（文法：過去完了進行形）.「らしいは"It seemed (appeared) that 〜".

* 「部屋は散らかり放題散らかっていた」"the room was all in a mess/the room looked like a disaster". 前の部分とのつなぎは"and"でよいが,「らしい」の理由と考えて"as"もよい.
* 「彼は」「孫たちが」が未知の情報であったのに対し，その孫を「彼は」と既知の主題としている.
* 「少しも気にしなかった」「（祖父の突然の訪問にも拘らず）部屋の散らかり具合を心配しなかった」"be not bothered by it/be not worried about it".

「少しも」は"not in the least/not at all/not the least (bit)".「彼は」以下は前とは切離して独立の文にする方がダラダラしなくてよい.

椅子の上にのっている玩具を自分でのけて，「どうぞ」と私に言って自分も腰をかけた.

* 「椅子の上にのっている玩具」"the toys on the chairs"と両方とも複数.
* 「〜を自分でのけて」 何故「自分で」であるかはこれまでの説明で明らかであろう.「自分が散らかした玩具を自分でのけて」の意."he put aside 〜".
* 「『どうぞ』と私に言って」『どうぞ』は"Please"であるが，ここは椅子をすすめているのだから，"Please, sit here"とするか，椅子を指してと解説を入れて，"pointing to the chair, he said, Please".
* 「自分も腰をかけた」 ここもダラダラと続けないで独立させて，"Then he sat down himself". ついでながら，「腰をかける」という表現は日本語の再帰表現. 日本語の再帰動詞は「腰を立てる」,「身を隠す」,「髭を剃る」等のように身体もしくはその部分を目的語にする. それを考え合せて，"he seated himself"も可.

作 例

1.
   (1) Around noon I felt feverish and had a headache. I had caught a cold.
   (1′) Around noon I felt a fever coming on and my head ached. I had caught a cold.
   (2) About noon I suffered from a headache and had a slight fever. I had taken a cold.

2.
   (1) I especially love trees. While traveling, I don't admire a high mountain, no matter how high, if it doesn't have trees.
   (1′) I especially love trees. When I travel, high mountains, regardless of their height, leave me unimpressed unless they have trees.
   (2) I am very fond of trees. When I see a high mountain while traveling, if it has no trees, I am not impressed, no matter how high it is.

3.
   (1) Sendai has a population of over half a million and is, without exaggeration, the cultural center of Tohoku. But when compared with Tokyo, Sendai is a far quieter city.

(1') With a population of more than 500,000, Sendai is, without question, the cultural center of Tohoku. Compared with Tokyo, however, Sendai is much quieter.

(2) Sendai has a population of more than 500,000 and is, without exaggeration, the cultural center of the Tohoku district. But Sendai is a much less crowded city than Tokyo.

4.

(1) Housing today has skyrocketed, so young people tend to use their money to enjoy their lives now rather than save for the future.

(1') Since housing costs have shot up so much, young people tend to spend their money enjoying themselves now rather than save for the future.

(2) Now that the price of a house has become so high, young people are apt to spend their money (in) enjoying their lives now instead of saving for the future.

5.

(1) People tend think that mothers should raise their children. But both of us work, so we share taking care of our son. My husband does not work on Saturdays, so he looks after him. My husband usually prepares meals, and our son prefers his cooking to mine.

(2) The prevailing idea is that children should be raised by their mothers. But since both of us have jobs, we share the duty of taking care of our son. My husband is home on Saturdays, so he looks after him. He usually cooks meals for us, and our son likes his cooking better than mine.

6.

(1) Kato believed in mountains, but when in the montains he did not believe in people. That was Kato Buntaro's princeple. The belief that when in the mountains he could not rely on anyone but himself made Kato a great alpinist.

(1′) When in the moutains, Kato Buntaro believed in them, but not in people. That was his principle. The belief that in the moutains he could not rely on anyone but himself made Kato a great alpinist.

(2) Kato believed in moutains, but while he was in the mountains he did not trust others. Such was Kato Buntaro's principle. Because he believed that in the mountains he could not depend on anyone but himself, he became a great mountaineer.

7.

(1) It seemed that my grandson and his friends had been playing by themselves, as the room was all in a mess. He was not the

least bothered by it. He pushed aside the toys on the chairs and said to me, "Please, sit here." then he sat down himself.

(2) It appeared that my grandson and his friends had been raising a ruckus, and the room looked like a disaster. He was not worried about it at all. He pushed aside the toys on the chairs and, pointing to the chair, he said, "Please." Then he seated himself.

(2′) It appeared that my grandson and his friends had been raising quite a ruckus; the room looked as though a tornado had hit it. It didn't seen to bother him at all. He just shoved aside the toys on the chairs and said to me, "Sit here, Grandpa." Then he sat down himself.

第3章　出来事との関係——苦楽述語

　　ボクはウナギが好きだ.
　　ボクは彼女を愛している.
どちらも「ボク」と「ウナギ」ないし「彼女」の関係を表している．つまり主題（主語）と対象の関係を表現している．では,
　　彼は恋人に死なれた.
はどうであろうか．これは，「（彼の）恋人が死んだ」という事実と，その事実を前に「彼は悲しんでいる」という事柄を一つの文で表現している．
　このように「ある事が起こった」あるいは「ある人が何かをした」ことに主語(主題)が何らかの関係を有していることを表現する述語を，仮に「苦楽述語」と名付けてみる．この「苦楽述語」の内には，受身，使役，両者を組合わせた使役受身，「～てもらう」，「～てくれる」などの表現がある．
　ここでいう受身文は,
　　この寺は1768年に建立された.
というような客観的受身ではなく,
　　（私は）母に手紙を読まれた.
というような被害受身の文をさす．これに対して,
　? 手紙が母に読まれた.
という受身は欧米語風日本語である．被害受身は英語の受動態とははっきり異なって，自動詞からでも作ることができる．
　先ほどの「彼は恋人に…」もそうだし，「友人が先に大学に入って，そのことを悔しく思っている」ことを表したければ,
　　奴に先に大学に入られた.
となる．

―――― 練習問題 1 ――――

受身の意味を考え，客観的受身であれば"be+p.p."で，被害受身であれば"have+O+p.p."で英訳せよ．
1. 彼は帽子を吹き飛ばされた．
2. 彼の犯罪は皆に知られている．
3. 風で窓を壊されてしまった．
4. 21 世紀は人類滅亡の時代と言われている．
5. 今朝財布を盗まれた．

以上の内，2，4 が客観的受身であり，1，3，5 が被害受身である．被害受身の構文上の特徴は動詞が他動詞である場合，対格「を」がそのまま受身でも「を」であることである．同じことが苦楽述語にはすべて言えるのであるが，後に検討したい．

〔練習問題 1 の解答と解説〕――――

1. **He had his hat blown off in the wind.**
   いわゆる S+V+O+C の構文では O と C の間に「主語―述語」の関係がある．his hat の後が p.p. となるのは「帽子（何かを）吹き飛ばす」のではなく，「帽子が吹き飛ばされる」という意味関係になっているからである．（文法：have+O+p.p.）

2. **His crime is known to everybody.**
   「彼は犯罪を…」ではない．しかし「彼は迷惑を受けている」と感じた人もいよう．英語の受身が日本語の被害受身と一致しているように思われる場合が確かにあるが，それは文法上の問題ではなく，語られている事柄そのものが被害・迷惑を表しているからだ．例をあげると，

   　彼は皆に笑われた．
   　He was laughed at by everybody.
   　一時間も待たされた．
   　I was kept waiting for an hour.

28

3. We had the window broken by the wind.
   The window was broken by the wind.
   2番目が可能なのは前記2の理由による．
4. **It is said that the 21st century will be the age of the annihilation of human beings.**
   They say that man will die out in the 21st century.
5. I had my wallet stolen this morning.
   なお，Cに原形不定詞を置いて被害を表す，
   　I had my wife die.（女房に死なれた）
   　I will have many people come.（大勢に来られる）
   等を挙げてある辞書もあるが，現在ではこの意味では使われず，各々「女房に死んでもらった」，「大勢に来てもらう」の意になる．
   　ところで，「歌を歌う」を苦楽述語にしてみると，各々「歌を歌われる」，「歌を歌わせる」，「歌を歌わせられる」，「歌を歌ってもらう」などとなる．各々，主題（主語）となる人物と「歌う」の行為者を持っている．

練習問題2

苦楽を英語でいかに表すかを考えて，英訳せよ．
1. 君にもう少しここに居てもらいたい．
2. きのうパーティーで歌を歌わせられました．
3. 私にも何か手伝わせて下さい．
4. 私の英語ではわかってもらえなかった．
5. これは小学生の時，父に買ってもらったカメラです．

　日本語の苦楽述語と英語のS+V+O+C (to-V/V-ing/p.p.) は文法的によく似た形であり，ある程度は対応関係を認めることが出来るが，そこに何らかの「公式」を設定するのは無理だと思われる（文法：S+V+O+to-Vの構文，S+V+O+V-ingの構文，S+V+O+p.p.の構文）．

〔練習問題2の解答と解説〕

1. I want you to stay here a litlle longer.
   I would like you to be here a little longer.
2. I was made to sing at the party yesterday.
   "made"の代わりに"forced"を使えば「無理じいされた」の感じが強まる．使役受身は英語でも被害受身であることは事柄そのものから理解できよう．
3. Please let me help you.
   「何か」は無視する．この「手伝わせる」は許可の意であるから"let"を使い，2の「歌わせる」は強制の意であるから"make"を使う（文法：使役動詞）．「許可」と「強制」という二つの事柄を日本語が一つの形で表現していることは少し奇妙に思えるかもしれないが,「許可」と「強制」に共通しているものは，それらを発動する権利・権威の存在である．
4. I could not make myself understood in English.
   Nobody understood my English.
   「〜もらえなかった」は残念・遺憾の意を表すが，訳に出す必要はない．初めの例はS+V+O+Cを使った英作文の古典的訳．事態は2番目の訳例で十分表されている．
5. This is the camera my father bought me when I was in grade school.
   「買ってもらう」は「父が買う前に私がねだった」ことが含意されているが，「買ってくれた」と結局おなじである．

実戦問題

1. たくさんの本が外国語から日本語に翻訳されているが，私に言わせれば，原文で読むのが一番です．（富山大）
2. あの人にだいぶ長く待たされたので,10時の列車に遅れてタクシーで行かなくてはならなかった．（実践女子大）
3. ユーモアの本質は，こっけいな冗談をいって人を笑わせるということではなくて，相手を愛し，思いやることである．（学習院大）
4. 一般に人を笑うことは愉快であり，人に笑われることは不愉快な

ものである．なぜ不愉快かというと，感情的な圧迫があるためであり，また，愉快に感じるのは，優越感がおこり，それが快感をもたらすのであろう．（都留文大）

5. 電話というものは，ベルが鳴り出したら何をしていようが対応を余儀なくされる．だから，こちらから電話をかける時は，相手に迷惑をかけないようにしている．それが電話のエチケットというものだ．（横浜国大）

6. よくお酒の席に出ると，歌を歌え，と言われることがある．私はあれを，野蛮な習慣だと思っている．私にとって，人前で歌を歌うのは苦痛でしかない．もっとも，その反面，人前で歌いたくてうずうずしている人もいるから，私は，そういう人に歌ってもらって聞くのは好きである．（東京大）

7. 労働はかつて物を作ったり，動かしたりすることと言われていた．しかし今日人間はキーボードを相手に画面に現れる記号を変えたりして働かされている．記号のやりとりだけで社会が動かされるようになった時，人間は生物であることをやめてしまうのかもしれない．

考え方

1. たくさんの本が外国語から日本語に翻訳されているが，私に言わせれば，原文で読むのが一番です．
   * 「たくさんの本が」"many books" は少し硬いが可．"a lot of books" もよい．
   * 「外国語から日本語に」"from foreign languages into Japanese" であるが，"a lot of foreign books" としてもよい．
   * 「翻訳されている」「これまでに」と考えて "have been translated" としてもよいし，現在の状態と考えて "are translated" も可．（文法：状態受動態）

* 「私に言わせれば」"let me say" と使役形が使える。"if you ask me, I would say" もよい。
* 「原文で読むのが」"to read them in the original". that 節も可。
* 「一番です」仮主語を使って"it is best ～". 叙述の"best"には"the"なし。

2. あの人にだいぶ長く待たされたので, 10時の列車に遅れてタクシーで行かなくてはならなかった。

* 「あの人にだいぶ長く待たされた」"I was kept waiting by him for a long time"であるが, 英語では受身にせず"he kept me waiting ～"の方が自然。
* 「ので」"so"でよいが, 前の部分と"such a long time that"と関連させても可。
* 「10時の列車に遅れて」"I missed (was late for) the 10 o'clock train".
* 「タクシーで行かなくてはならなかった」"had to go by taxi"でよいが, 「～で行くことを余儀なくされた」と考え, "was obliged to take a taxi"もよい。

3. ユーモアの本質は, こっけいな冗談をいって人を笑わせるということではなくて, 相手を愛し, 思いやることである。

* 「ユーモアの本質は」"the essence of humor". または "humor is essentially ～".
* 「～ことではなくて, ～ことである」"is not to-V but to-V".
* 「こっけいな冗談をいって人を笑わせる」 強制的使役であるから, "make a person laugh by making (telling/relating) a funny joke".
* 「相手を愛し, 思いやる」「相手」は「結婚の相手・ダンスの相手・将棋の相手・喧嘩の相手」等色々あるから, その都度工夫がいるが, 今は前の"person"を受けて"he (or she)"でよい。「愛する」はユーモアの精神を発揮するのに一々相手を性愛の対象とする訳にもいかな

いから,"be fond of"ぐらいであろうが,次の「思いやる」と言葉を重ねているだけだと見て,"have sympathy for him/sympathize with him/be considerate to him/have consideration for him"のどれかを使う.

4. 一般に人を笑うことは愉快であり,人に笑われることは不愉快なものである. ※
    * 「一般に」"Generally speaking".（文法：慣用的独立分詞構文）
    * 「人を笑うこと」「人」は他者一般と見て,"to laugh at others".
    * 「愉快である」"is pleasant/enjoyable/fun".「不愉快」は"unpleasant".
    * 「人に笑われること」"to be laughed at"."by others"は冗語.

   なぜ不愉快かというと,感情的な圧迫があるためであり,また,愉快に感じるのは,優越感がおこり,それが快感をもたらすのであろう.
    * 「なぜ不愉快かというと」 主語は"it"でもよいが,※と叙述の順番が替わっているので,"the latter".またはもっとはっきりと"being laughed at".
    * 「感情的な圧迫があるためであり」 何を語っているのかよく分らない部分であるが,分らないままに"there is emotional pressure"と英語に置き換えて見ても,わけの分らない英語ができるだけである（本書第11章）.「不安で落着かない」「居心地がわるい」と考えて,"feel ill at ease/feel uncomfortable"とする.この部分はbecause節にまとめる.
    * 「また」 while節でもよいし,一旦文を切って,"On the other hand ～"も可.
    * 「愉快に感じるのは」 主語は"the former/laughing at others"とする.述語は"is enjoyable/gives us pleasure".
    * 「優越感がおこり」"bring on the feeling of superiority"であるが,優越感を抱くのは本当は失礼な事だがという気持ちを込めて,動詞に"give rise to"も可.
    * 「それが快感をもたらすのであろう」"makes us happy/pleased".

第3章 出来事との関係――苦楽述語

because 節.

5. 電話というものは，ベルが鳴り出したら何をしていようが対応を余儀なくされる．
   * 「電話というものはベルが鳴り出したら」「というもの」は冗語．「～は～が」であるが，「電話が鳴り出したら」と考え，"once the telephone starts ringing/when the telephone rings".
   * 「何をしていようが」"no matter what we are doing（at the moment）/regardless of what we are doing".
   * 「対応を余儀なくされる」 使役受身に近い表現．"be obliged to answer it/be forced to respond to it" であろうが，簡単に "have to answer it" も可．

   だから，こちらから電話をかける時は，相手に迷惑をかけないようにしている．
   * 「だから」"Therefore/So".
   * 「こちらから電話をかける時は」"when I make a call/call (telephone) someone".
   * 「相手に迷惑をかけないようにしている」「相手」はこの場合，"the person I am calling". 「迷惑をかけないようにしている」は "try to avoid bothering"「はた迷惑にならないようにしている」と考えて，"try not to make a nuisance of myself" もよい．

   それが電話のエチケットというものだ．
   * 「それが」「そうすることが」であるから "to do so". 仮主語 "it" を使う．
   * 「電話のエチケット」"good telephone etiquette". 単に "polite" も可．
   * 「というものだ」 自己の確信を述べているのだから，文頭に "I believe that".

6. <mark>よくお酒の席に出ると，歌を歌え，と言われることがある．</mark>
   * 「よくお酒の席に出ると」「よく」は「言われる」を修飾している．「お酒の席」は "a (drinking) party"．「出ると」を "When I attend" と節にしてもよいし，"At drinking parties" と句でもよい．
   * 「歌を歌え，と言われることがある」 使役またはそれに近い形を使って，"People try to make me sing/force (get) me to sing" としてもよいが，"People often ask me to sing" もよい．受身形にして，"I am often asked to sing" も可．なお，「歌を歌う」という日本語の同族目的語を "sing a song" としてもよいが，自動詞 "sing" だけでよい．"sing a German song" と形容詞が入れば別．

   <mark>私はあれを，野蛮な習慣だと思っている．</mark>
   * 「私はあれを〜と思っている」 "I think that it is 〜" で勿論よいが，"I regard (think of) it as 〜" もよい．
   * 「野蛮な習慣だ」 "a crude (uncivilized) custom"．"custom" と "habit" との違いを英和辞典でたしかめよ．

   <mark>私にとって，人前で歌を歌うのは苦痛でしかない．</mark>
   * 「私にとって〜苦痛でしかない」 "It is always painful for me to-V" でよいが「私は〜を楽しんだことがない」と考え，"I have never enjoyed V-ing" もよい．
   * 「人前で歌を歌う」"sing in front of others/before a crowd of people"．

   <mark>もっとも，その反面，人前で歌いたくてうずうずしている人もいるから，私は，そういう人に歌ってもらって聞くのは好きである．</mark>
   * 「もっとも，その反面」"On the other hand, however,"．順序は逆でもよい．
   * 「〜うずうずしている人もいる」「うずうずしている」は「（自分の順番を）待ちこがれて」と考え，"are waiting to-V" とするのがよい．少し品のない表現かもしれないが，"have an itch to-V" も可．「人もいる」は "there are people who 〜" か "some people" を主語にする．

* 「私は～聞くのは好きである」"I like to listen (listening) to their singing". 前の部分とは "so" でつなげばよい.
* 「そういう人に歌ってもらって」「～てもらう」はこちらからの要請が含意されているが, "asking them to" と分詞構文などで書いて見ても何か落ちつきの悪い英語になる. それは多分「うずうずしている人」はこちらから頼むまでもなく, 当然歌い始めるのであって, 結局この部分が冗語であるからであろう.

7. <mark>労働はかつて物を作ったり, 動かしたりすることと言われていた.</mark>
    * 「労働はかつて～と言われていた」"It used to be said that labor means ～" と that 節でもよいし, "Labor used to be said to mean/to be considered as ～" と述語の部分であらわしてもよい (本書第6章).
    * 「労働は物を作ったり, 動かしたりすることと」「労働は～ことだ」は be 動詞で書けると思うかもしれないが, 実はこの「労働」は「労働という言葉は」という意味で使われている. 動詞は "mean/signify/be considered as".「物を作ったり動かしたりする」は "making (producing) and (or) moving things (objects)".

<mark>しかし今日人間はキーボードを相手に画面に現れる記号を変えたりして働かされている.</mark>
    * 「しかし今日人間は～働かされている」 典型的な使役受身. "But today people are made to work ～".
    * 「キーボードを相手に」「キーボードに向かって」の意. "at a keyboard".
    * 「画面に現れる記号を変えたりして」"by changing signs on the display/ ～, changing signs that appear on the display".「記号」は "symbols/letters" 可.

<mark>記号のやりとりだけで社会が動かされるようになった時, 人間は生物であることをやめてしまうのかもしれない.</mark>
    * 「記号のやりとりだけで」"just by the exchange of signs/just by exchanging signs/on the trading of signs alone".

* 「社会が動かされるようになった時」「ようになる」という変化の過程は英語では表現する必要はない．"When society is made（brought）to function"．「社会」は「日本社会」のような特定の社会ではないので無冠詞．
* 「人間は」"we/people" もよいが，ここは少し硬く "human beings"．"mankind/humankind" もよいが，単数扱いにする．
* 「生物であることをやめてしまうのかもしれない」「〜てしまう」は遺憾の意を表すが英語では表現できないと見て冗語扱い．"may cease to exist as living creatures/may cease to be animals/may no longer continue to be biological beings"．

作 例

1.

(1) A lot of books have been translated from foreign languages into Japanese. But let me say that it is best to read them in the original.

(2) Many foreign books are translated into Japanese. But if you ask me, I would say it is best to read them in the original.

2.

(1) I was kept waiting by him for a long time, so I missed the 10 o'clock train and had to go by taxi.

(2) He kept me waiting for such a long time that I was late for the 10 o'clock train and was obliged to take a taxi.

3.
- (1) The essence of humor is not to make a person laugh by telling a funny joke but to have sympathy for him and be condiderate to him.
- (1') The function of humor is not for making people laugh by relating a funny joke to them; rather it is to show consideration and sympathy towards them.
- (2) Humor is essentially not to make a person laugh at a funny joke but to sympathize with him and have consideration for him.

4.
- (1) Generally speaking, to laugh at others is pleasant while to be laughed at is unpleasant. Being laughed at is unpleasant because one feels ill at ease while laughing at others gives us pleasure because it brings on the feeling of superiority and makes us happy.
- (2) Generally speaking, to laugh at others is fun while to be laughed at is unplseasant. The letter is unpleasant because one feels uncomfortable. On the other hand, the former is enjoyable because it gives rise to a feeling of superiority and makes us happy.

5.

(1) Once the telephone starts ringing, we are obliged to answer it, no matter what we are doing. Therefore, when I make a call, I try to avoid bothering the person I am calling. I believe that it is good telephone etiquette to do so.

(2) When the telephone rings, we are forced to respond to it regardless of what we are doing at the moment. So when I call someone, I always try not to make a nuisance of myself. I believe it is polite to do so.

6.

(1) When I attend a drinking party, people often try to make me sing. I regard that as an uncivilaized custom. It is always painful for me to sing before a crowd of people. On the other hand, however, there are people who are waiting to sing before others, so I like listening to their singing.

(2) At drinking parties, I am often asked to sing. I think of it as a crude custom. I have never enjoyed singing in front of other people. On the other hand, however, some people have an itch to sing in front of a crowd of people, so I like to listen to their singing.

7.

(1) Labor used to be considered as making or moving things. But

today people are made to work at a keyboard by changing the signs that appear on the screen. When society is made to function just by the exchange of signs, human beings may cease to exist as living creatures.

(1′) Labor used to be considered as the making or moving of things. Today, however, people are made to work at a keyboard by changing the signs appearing on the screen. If society is made to function by the trading of signs alone, human beings may cease to exist as living cretures.

(2) It used to be said that labor means producing or moving objects. Today, however, people are made to sit at a keyboard and work by changing signs on a display. When society is brought to function by the trading of signs alone, human beings may no longer continue to exist as living creatures.

第4章　完了と未完了──「〜た」の働き

　　　パリへ行く時，これを買った．
は，「パリへ行く直前に，あるいはその途上でこれを買った」の意であって「パリへ行く」という行為は完了していない．それに対して，
　　　パリへ行った時，これを買った．
は，「パリで（多分到着直後に）これを買った」の意であって「パリへ行く」という行為は完了している．この二つの文を大まかに英訳すれば，両者とも，
　　　I bought this when I went to Paris.
であろう．むろん，両者を英語で区別できないと言っているのではない．必要があれば各々次のように表せばよい．
　　　I bought this when I was going to Paris.
　　　I bought this when I was in Paris.
重要なのは，日本語ではしなければならない区別が，英語では文脈上明らかであればその必要はないという点である．
　英語では過去に起きたことには過去形を用い，現在のことには現在形を，未来のことには未来の助動詞 "will" を用いるという原則（これを時制 tense という）があるのに対して，日本語では主要な観点は「完了か未完了か」であって，
　　　最初に来た人が賞をもらえる．
を，
　？　最初に来る人が賞をもらえる．
としてしまうと，まるで「最初に来る人」が運命が何かによって予め決定されているように響いてしまう．英語ではとにかく，
　　　The prize will be given to the one who will come in first.
であろう．

―――― **練習問題** ――――

英語の時制を考えて英訳せよ．
1. 彼女は彼がそこにいると言った．
2. 彼女は彼が大阪に行くと言った．
3. 今度彼に会った時，このことを伝えて下さい．
4. 春が来た．桜が咲いている．
5. 夜東京に着いた．人が多いのにびっくりする．
6. 山道をどんどん登っていく．湖が見えた．

　赤川次郎だったか誰かの小説を初めて日本語で読んで，「現在形から過去形へと自在に飛び回るのに驚いた．英語でこんなことができるのはジェイムス・ジョイスだけだ」と感想を述べた英国人がいる．「〜た」を英語の過去形と等しいと思っている日本人も少なくないと思われる．しかし，「夕食を食べた後，トランプをする／した」で述語動詞の形がなんであれ「後」の前には完了が，「寝る前に歯を磨いた／磨きましょう」の「前」の前は必ず未完了が要求されることを考えてみればそんな誤解も消えよう．

〔練習問題の解答と解説〕――――

1. **She said (that) he was there.**
　過去のことは過去形で．「いる」も「言う」も過去．
2. **She said (that) he would go to Osaka.**
　1. の「いる」が"was"なら，2. の「行く」は"went"だと思う人もいるだろう．しかし「いる」のは「まだいる」のであり，「行く」は「それから行く」のである．（文法：時制の一致の原則）
3. **Please let him know this when you see him next time.**
　Please inform him of this the next time you meet him.
　「会った」が未来であると見ぬいて"will see"とした人もあろうが，「時および条件の副詞節では未来の"will"は使わない」（文法：未来の事柄を表す現在時制）というきまりがある．この点では英語の現在

形は現在時制と未完了相の二つの働きを持っていると言えよう．

4. Spring has come. Cherry blossoms are blooming (in bloom).
「来た」は「来て，桜が咲いていて，今も春だ」だから，英語では現在完了．

5. I arrived in Tokyo in the evening. I was surprised to see so many people.
どこかで完了の「～た」を使い過去の話であると決定すれば，それと同時に進行している事柄は未完了で表すのが自然である．「～た，～た」と重ねれば，起きたことを順番に述べていることになる．

6. I bounded up (climbed readily along) the mountain path. There I saw the lake.

実戦問題

1. きみがなんと言おうと，ぼくはその事件とは無関係だよ．ぼくはその事件が起こったころ，ヨーロッパを旅行中だったんだからね．（愛媛大）
2. さがしても，さがしても，ライターはどこにも見付からなかった．買ったのはほんの一週間まえだったのに，惜しいことをした．（大阪薬大）
3. 記憶しているかぎりでは，父は私に，卒業したあとどうするつもりか，ときいたことは一度もありません．父は，なによりも大切なのは自分のことはまず自分できめることだと，考えていました．（フェリス女子大）
4. 山道にさしかかると，道の両側にはすっかり雪が積もっている．普段のままの革靴なので，凍った道で滑らぬように気を配りながら歩く．（お茶ノ水女子大）
5. 森林はおの(ax)の下で音をたてて裂け，獣や鳥のすみ家は荒廃し，川は浅くなり涸れていき，すぐれた風景はだんだん姿を消してふたたび帰ってこない．（愛知教育大）
6. いつの時代にも「古きよき時代」は神話であった．その時，それ

がよいと思う者などいなかったのだ．というのは，どの時代も，生き抜いた人々には耐えがたく思われた危機から成り立っているからだ．（都立大，現・首都大）
7. 同級生はみな大学に行った．同じ学校で大学へ行かなかったのは私のほかにあと二，三人ほどだったらしい．大学へ行った友だちに会うと，それまで聞かなかった単語が当然のように彼等の口から出だし，私にはよくわからない会話が増えはじめた．（岩手大）

考え方

1. きみがなんと言おうと，ぼくはその事件とは無関係だよ．
   * 「きみがなんと言おうと」"No matter what (Whatever) you say" でよい．しかし「君は無関係と思っていないようだが」と考えて，"Though you think I was involved," もよい．
   * 「ぼくはその事件とは無関係だよ」「事件」が起こったのは過去．ゆえに時制は過去形．「事件」は "incident/case/affair/matter" など種々の訳語が考えられるが，どのような事件であるのかは，前後の文がないのでわからない．「無関係だ」は，おなじみの "have nothing to do with"．

   ぼくはその事件が起こったころ，ヨーロッパを旅行中だったんだからね．
   * 「その事件が起こったころ」"When in happened,"．
   * 「ぼくは〜ヨーロッパを旅行中だったんだからね」"I was traveling in Europe"．単に，"I was in Europe" としてもよい．

2. さがしても，さがしても，ライターはどこにも見付からなかった．
   * 「さがしても，さがしても」"No matter where I looked" と譲歩表現にしてもよいし，"I looked for it everywhere, but 〜" でもよい．
   * 「ライターはどこにも見付からなかった」"I could not find the

lighter/The lighter was nowhere to be found".

<mark>買ったのはほんの一週間まえだったのに，惜しいことをした.</mark>
* 「買ったのは～惜しいことをした」「た」が二回使われている．過去完了の可能性を考える．「買った」のは明らかに「惜しいことをした」より前であり，従属節になるのだから，"I had bought (purchased) it". because 節にする.
* 「一週間前だった」"(just) a week before". "ago" と "before" の使い分けを英和辞典で確かめよ.
* 「惜しいことをした」"I really missed it/It was too bad".

3. <mark>記憶しているかぎりでは，父は私に，卒業したあとどうするつもりか，ときいたことは一度もありません.</mark>
* 「記憶しているかぎりでは」"As far as I can remember/To my recollection/As I recall/If my memory is correct".
* 「父は～ありません」「私」は死別・生別のいずれにせよ「父」とは一応縁が切れているし，「私」はおそらく既に卒業している．つまり，この部分は現在までの経験を語っているのではなく，過去の思い出．時制は過去.
* 「卒業したあと」節で書けば "after I graduated" であるが，過去形（「未来を表す現在」が過去になった）が使い難ければ，"after graduation" と句で書いてもよい.
* 「どうするつもりか」主語は「私」．"what I planned to do/what I would do/what my intentions were".
* 「～ときいたことは一度もありません」"he never asked me".

<mark>父は，なによりも大切なのは自分のことはまず自分で決めることだと，考えていました.</mark>
* 「父は～考えていました」「父」の思想内容であるから，"He always thought".
* 「なによりも大切なのは」仮主語を "It" を使って "it was most important ～" と最上級で．または "it was more important ～ than

anything else" もよい.

*「まず自分のことは自分で決めることだと」「まず」は冗語. 不定詞で "it" の内容を表して, "to make one's own decisions/one's decisions by oneself".

4. 芝居のト書であれば話は別だが, 常識的には前後に過去の出来事であることを明示する部分があったと思うべきだろう. 全体を過去形で統一する.

山道にさしかかると, 道の両側にはすっかり雪が積もっている.

*「山道にさしかかると」"As I began to walk along the mountain path". to-V のかわりに V-ing, "began" のかわりに "started" もよい. 「山道」はその時歩いた特定の道であるから定冠詞をつける. "Starting up the mountain path, 〜" のように分詞構文で始めてもよいが, 意味上の主語が何であるかに注意をする.

*「道の両側にはすっかり雪が積もっている」「すっかり」は「跡も残さず全て」の意だろうが誇張と考えて「沢山の雪」と読み換える. "there was a lot of snow on both sides of the path". 分詞構文で書き始めた場合は主語が "Starting 〜" の主語でもなければならないのだから, "I found/noticed" を始めに付ける.

普段のままの革靴なので, 凍った道で滑らぬように気を配りながら歩く.

*「普段のままの革靴なので」「ので」は "Since/Because". 「私は革靴だ」はウナギ文. 「靴を履いている」と考える. "wear" は状態動詞であるが, 「たまたまこの時に」と一時的状態を表しているので "be wearing" と進行形でもよい. 「普段のままの革靴」は "street shoes/my everyday shoes".

*「凍った道で」"on the frozen path/ground".

*「滑らぬように」"not to slip". "so as not to/in oder not to" も可.

*「気を配りながら歩く」"I walked carefully" でよいが, そういう苦境にあったことを表すために, "I had to 〜" と始めるともっとよい.

5. 前問と同じように，全て過去の事柄と考えられないこともないが，現在進行中の自然破壊ととるのが穏当だろう．しかし，その際にも「森林破壊→保水力の低下→河川の涸渇→自然総体の破壊」という時間的順序が見えないだろうか．以下検討する．

==森林はおの（ax）の下で音をたてて裂け，獣や鳥のすみ家は荒廃し，川は浅くなり涸れていき，すぐれた風景はだんだん姿を消してふたたび帰ってこない．==

* 「森林は〜裂け」 "The forest is ripped"では英語では意味をなさない．「森林の木がおので倒されて」と考えて，"The trees in the forest have been felled"とする．現在時制でもよいが，過去から現在へと見て現在完了．
* 「おのの下で音をたてて裂け」「切倒すおのの音とともに」"with the sound of the ax"．あるいは「木が悲鳴をあげて」と考えれば，分詞構文で，"screaming under the ax"．
* 「獣や鳥のすみ家は荒廃し」 獣の巣は"dens"，鳥の巣は"nests"と別々に書くかまとめて"the dwellings of the beasts and birds"．「荒廃し」 "have been destroyed/devastated"でもよいし，進行中とみて"are being destroyed"も可．
* 「川は浅くなり」 現在までの変化と考え，"the rivers have become shallow"もよいが，次の部分との関連上現在形で書く．
* 「涸れていき」「動詞連用形＋てゆく・てくる」は変化を表すが，前者は現在ないしは自己という中心から遠ざかる変化であり，後者は近づく変化である．つまり「涸れていく」は現在から将来への変化である．現在進行形で，"are drying up"．
* 「すぐれた風景は」「風景」は個々の景色（scenes）の総体だから"the scenery"．「すぐれた」は"beautiful/magnificent"．
* 「だんだん姿を消して」「姿を消す」は日本語の再帰表現（第2章実戦問題7）．自動詞 "disappear/vanish/die out"などを使う．"is gradually disappearing"としてもよい．
* 「ふたたび帰ってこない」「将来とも人間のもとへは」であるから，

第4章 完了と未完了――「〜た」の働き

未来形を使って"will never return". そういう運命にあると考えて"is no longer to be seen again".

6. 「～であった」「いなかった」などの表現に惑わされて過去時制を使ってはならない. 「明日は日曜日だった」と記憶を確認するために未来の事柄でも「だった」と言えるのだから, ここでは過去から現在までの事実を確認していると言えよう.
　　いつの時代にも「古きよき時代」は神話であった.
* 「いつの時代にも」 "in any age/period/era/time".
* 「古きよき時代」 "the good old days" であるが, この語に対する疑念を表して "so-called" を前につけるとよい. なおこれは一つの概念であるから単数扱い.
* 「神話であった」「いつの時代」には過去はもちろん現代も含まれるのだから, "has been a myth" と現在完了形.
　　その時は, それがよいと思う者などいなかったのだ.
* 「その時は」 "Then/At that time" はある一定の「時」を示してしまうが, この「その時」は「いつの時代」という不定の時を指している. 結局, "In any age" と繰返す外は書きようがない.
* 「それがよいと思う」 that 節で書いてもよいが, "regard/think of/look upon O as C" の方が簡単. 「それ」は「自分自身の時代」ととって "his own age".
* 「～者などいなかったのだ」 "no one" を主語に, 時制は現在完了.
　　というのは, どの時代も, 生き抜いた人々には耐えがたく思われた危険から成り立っているからだ.
* 「というのは～からだ」 "This/That is because ～" という表現を使う. "Why?" "Because ～" という問答から類推して, "Because ～" と副詞節を文にしては不可.
* 「どの時代も～成り立っている」 "any age is made up of/consists of". 過去から未来を通して妥当することを述べている無時間の相だから, 現在形で.

* 「生き抜いた人々」"those who have lived through (it)" となるだろうが，現在完了形が使われるのは，無時間の相の下でのある時点までの継続を表すため．
* 「耐えがたく思われた危機」"perils/crises" を関係詞節で修飾すると "crises which those who 〜 can hardly endure (bear)" となるが，和文にひきずられて関係詞節の中に関係詞節がもう一つあるという複雑な構文にするのを避けて，「耐えがたく思われた」を "unbearable" 一語で済ませて全文を工夫して見よ．

7. この和文は時間に関して二つの解釈が可能である．即ち，(1) 全体が遠い過去の思い出である，(2) 最近の出来事を語っている，の二つである．(1) を支えるのは後出※※の「それまで」であって，最近の事柄ならば「これまで」でなければならない．(2) の論拠は※※の「出だし」と「増えはじめた」である．「セミが鳴きだした」，「サクラが咲きはじめた」という時，今現在，鳴いているのであり，咲いている．ここでは (2) に軍配をあげるが，大事なことはどちらかを選択することであって，「〜た」の解釈をいいかげんにしたままで訳せば支離滅裂な英文が出来てしまう．

   <u>同級生はみな大学に行った．</u>

   * 「同級生はみな」"Almost all my classmates"．"classmates" は「同期生」の意であるので，次の※との関連上 "almost" を足した．
   * 「大学に行った」"entered (went on to) college (universities)"．遠い過去であっても比較的最近の出来事であっても過去は過去．

   <u>同じ学校で大学へ行かなかったのは私のほかにあと二三人ほどだったらしい．</u> ※

   * 「同じ学校で」"from our school"．「同じ」は「自分達が出た」の意．もう卒業生であるのだから "from" がよい．
   * 「〜のは〜二，三人だった」 数量は日本語では述部で表すが，英語では主語になることが多い．"only a few from 〜" を主語にする．
   * 「大学へ行かなかった」"did not go on to college"．

* 「私のほかに」"besides me" を文頭に．"other than me" なら "a few" のあと．
* 「らしい」二，三人でも四，五人でもかわらない．冗語と見なす．

<mark>大学へ行った友達に会うと，それまで聞かなかった単語が当然のように彼等の口から出だし，私にはよくわからない会話が増えはじめた．</mark>　※※

* 「大学へ行った友達」「行った」は「行っている」の意．"those who are now in college"．「～ている」が状態を表す場合（第5章），連体修飾節では「～た」としてもよい．例：「眼鏡を掛けている人」＝「眼鏡を掛けた人」．
* 「に会うと」"When I meet"．今日この頃の話であるから現在形．
* 「それまで聞かなかった単語」"words I have never heard before/ words unfamiliar to me"．
* 「当然のように彼等の口から出だし」主語は「単語」であるが，「彼等が単語を使う」としたほうが書きやすい．"they naturally use words"．「出だし」はそういう状態の始まりを示唆するが，その状態は依然として続いているのだから無視．「When 節，主節」とまとまったのだからダラダラ続けずに一旦ピリオド．
* 「～会話が増えはじめた」"their conversations which ～ have in-creased" では主語が長く形が悪い上に，"conversations" とは誰と誰のはなしなのか分らない．「最近は彼等の言うことが分らないことがある」とでも理解しよう．"And now I don't understand some of the things they talk about/Lately I have been less and less able to follow what they say (their discussions)"．

作例

1.
   - (1) No matter what you say, I had nothing to do with it. When it happened, I was in Europe.
   - (1') I don't care what you say; I had nothing to do with it. I was in Europe when it happened.
   - (2) I had nothing to do with it, though you think I was involved. When it happened, I was traveling in Europe.

2.
   - (1) I looked for it everywhere, but I could not find the lighter. I really missed it because I had bought it just a week before.
   - (2) No matter where I looked, I could not find the lighter. It was too bad, because I had purchsed it just a week before.

3.
   - (1) As far as I can remember, my father never asked me what I planned to do after graduation. He always thought that it was most important to make one's decisions by oneself.
   - (2) If my memory is correct, my father never asked me what my intentions were after graduation. He always thought that it was more important to make one's own decisions than anything else.

4.

(1) As I began to walk along the mountain path, there was a lot of snow on both sides of the path. Since I wore street shoes, I had to be careful not to slip on the frozen path.

(2) Starting up the mountain path, I found there was a lot of snow on both sides of the path. Since I was wearing my everyday shoes, I had to walk carefully in order not to slip on the frozen ground.

5.

(1) The trees in the forest have been felled with the sound of the ax, the dens of the beasts and the nests of the birds have been destroyed, and the rivers become shallow and are drying up; the beautiful scenery is gradually disappearing and will never return.

(2) The trees in the forest have been felled screaming under the ax, the dwellings of the beasts and birds have been devastated, and the risers have become shallow and are drying up; the magnificent scenery is gradually disappearing, no longer to be seen again.

6.

(1) In any age, "the good old days" has been a myth. In any period, no one has regarded his own age as good. That is

because any age is made up of crises which those who have lived through it can hardly endure.

(2) In any period, the so-called "good old days" has been a myth. In any era, no one has looked upon his own age as being good. This is because for those who have lived through any age, it seems that it is made up of unbearable perils.

(2') In whatever period, the so-called "good old days" is a myth. No one has ever considered his own age to have been a good one. This is because the era one has lived through was filled with innumerable perils.

7.

(1) Almost all my classmates went onto college. Besides me only a few from our school didn't go on to college. When I meet those who did, they use naturally words I have never heard before. And now I don't understand some of the things they talk about.

(2) Almost all my classmates entered unversities. Only a few other than me from our high school did not go on to college. When I meet those who are in school now, they seem to use very naturally words unfamiliar to me. Lately I have been increasingly unable to follow what they say.

(2') Almost all my classmates went on to college. Besides me, very few failed to go on. Nowadays when I meet those who did, I notice they seem to use very naturally, words unfamiliar to me, leaving me unable to follow all of their discussions.

(3) (遠い過去の思い出) Almost all my classmates in high school entered college. Besides me only a few from our class didn't go on to universities. When I met those who were in college then, they used naturally words I had never heard before. In those days I could not understand some of their discussions.

第5章 「〜ている」の諸相

　動詞を分類する仕方に，ある時点での行為を表わす「動作動詞」と，過去から未来におよぶ事実を表わす「状態動詞」とに二分するやり方がある（文法：現在時制）．英語の場合，簡単な定義として「動作動詞」は進行形（be 〜 ing）をつくれるが，「状態動詞」は原則としては進行形では使えない（文法：進行形を作れない動詞）としてみると，状態動詞の数の多さに驚く．
　同様に日本語の「動作動詞」を「〜ている」の形で使えるもの，「状態動詞」を「〜ている」の形では使えないものと定義してみると，日本語の状態動詞は「ある」「居る」「要る」など極めて少数しかない．それ以外の動詞の状態を表したければ，「〜ている」を使うことになる．つまり英語の現在形に日本語の「〜ている」が対応している場合が数多くある．
　もっとも日本語の文法家の中には，形容詞も動詞同様，単独で述語たりうるという働きから，形容詞を動詞と見なす人もあるので，そうなれば無数の状態動詞があることになるのだが．
　以上の考察は，「〜ている」＝ "be V-ing" という公式が決して成り立たないという結論に導く．たとえば，

　　そこに犬が死んでいる．

は，決して，

　　A dog is dying there.

とはならない．上の英文は「犬が死にそうだ」の意であって，「死んでいる」なら，

　　A dog is dead there.

としなければならない．つまり「死んでいる」とは「死んで，その状態が続いている」の意である．

―――― **練習問題** ――――

「〜ている」の意味を考えて英訳せよ．

1. 彼は今パリに行っています．
2. あの人は京都大学へ行っています．
3. 眼鏡をかけている人が意外と多い．
4. このテレビはどこか故障しているようです．
5. もう二日も雨が降っています．
6. 彼はそこならよく知っていると言っていた．

　英語の進行形（be V-ing）は，❶進行中の動作，❷動作の反復，❸近接未来，の三つを表わす（文法：現在進行形の基本用法）．日本語の「～ている」形は，❶進行中の動作（泳いでいる），❷動作の反復（毎日歯を磨いている），❸状態（彼を愛している）❹動作の結果としての状態（窓が開いている），❺様態（道がまがっている），の五つを基本的用法としながら，さらに微妙なニュアンスを持っている場合もある．

　各々の❶と❷は共通性が認められるが，❸以下は機械的対応がないのだから，日本語で表わされている事態を読み取り，それを英語でいかに表現するかを工夫するという基本にたちかえる必要がある．

〔練習問題の解答と解説〕

1. **He has gone to Paris.**
   He is now in Paris.
   「行っています」が「途上にある」の意ではないことは明白．「彼女は東京にきています」も同様．
2. **He goes to (attends) Kyoto University.**
   He is going to Kyoto University.
   1. と同様「京都大学に今いる」の意でなければ，「行っています」はここでは反復的動作．英語では，現在形にたいして，進行形は「当面は」の気持ちが含まれる．
3. **An unexpectedly large number of people wear glasses.**
   「かけている」は英語では状態動詞 "wear"．"put on" との違いを英

和辞書で確かめよ．

4. **It seems that something is wrong with this TV set.**
   This TV receiver seems to be out of order.
   「故障している」を"be broken"と受身で表現してもよい．一般に英語の受身は状態性が強くなる（文法：動作のPassiveと状態のPassive）．
5. **It has been raining for twodays.**
   「降っている」は進行を表わしているが，二日前から現在にまでおよんだ進行，即ち継続でもあるのだから，英語では現在完了進行形．
6. **He claimed that he knew the place well.**
   「知っている」は状態を表わし，英語では"know"．「言っていた」と「言った」の違いは，後者が単に「発言があった」の意であるのに対して，前者は「そう主張した」の意である．「思っている」，「信じている」，「話していた」等も同様に終止形よりも意味が強まる．

実戦問題

1. 数年前から東京にくるつばめの数が減っているというが，確かな原因はわかっていない．だが，東京の自然のバランスが大きく崩れているためとの説には説得力がある．（日本女子大）
2. 世界で最もよごれているのは，日本の都会の空であるといわれている．よごれた大都会の空気には二百種類もの，自然界には存在しない物質が含まれているといわれる．（名古屋大）
3. 海外の学校に就学した子どもは，その学校への適応よりもむしろ，帰国後の日本の学校への適応の方が困難だと感じている．（同志社大）
4. 人間は誰でも身勝手なものだ．街を歩いている時には，道をわがもの顔で走っている車を実にけしからんと思う．ところが一方，タクシーに乗っていると，こんどは歩行者がいかに交通規則を無視しているかに腹を立てる．（福井大）
5. 多くの日本人は，日本語は他の言語と違ったところが多いため，外国人には難しい言葉であると考えているようである．中には自

分達が外国語を習得するより,外国人が日本語を習得する方がずっと難しいと考えているものもいる. しかし話し言葉に関するかぎり,日本語は決して難しくない. その証拠に,日本に来ている外国人の中には,1年もすると日常会話は十分にできるようになる人も多い.(福島大)

6. 現代人は歯磨を買うのではなく,広告やデザインに現れた歯磨のイメージを買うのだという冗談がある. じっさい歯磨の質などどれも似たようなものだから,消費者は気分次第で選んでいるといってもまちがいない. 明るい包装,胸のはずむ宣伝文句—ひとびとは一個の歯磨が担っている雰囲気を買うのである. だいたい,現代人はなんのために歯磨を使うのか. 口の衛生のためならひとつまみの食塩で足りるのだ. われわれは朝の気分を少し味わうために,バラ色のチューブから空色のクリーム(paste)をブラシのうえにしぼり出す. われわれはまさにそういう美しい夢を買っているのであり,現実生活のなかでそうしたイメージそのものを消費しているのだといってもよい. (小樽商大)

7. 私の知っている人が,今メキシコに行っています. 最近の彼の手紙では,メキシコ市は盆地で空気が澱んでいるし,高地に位置しているので空気が薄くて車の燃料が不完全燃焼するので大気が汚染されているのは日本の大都会以上だと書いています.

考え方

1. 数年前から東京にくるつばめの数が減っているというが,確かな原因はわかっていない.
    * 「数年前から」 文字通りでは "since several years before" であるが,「ここ数年間」と考えて "for several years".
    * 「東京にくるつばめ」 関係詞節にすると時制に迷ってしまうので,現在分詞を使う. "swallows coming to Tokyo".

* 「数が減っている」「数」を主語に"the number of swallows". あるいは「つばめ」を主語に"decrease (in number)".「減っている」はここ数年間の現象であるから現在完了進行形で.
* 「という」"It is said that/They say/I hear".
* 「確かな原因」「確信のある」ではなく「本当の原因」."the real cause".
* 「わかっていない」「わかっている／いない」は「進行中の動作」でなく,「状態」."is unkown". 前の点と合せて, "no one seems to know exactly why" も可

だが,東京の自然のバランスが大きく崩れているためとの説には説得力がある.

* 「東京の自然のバランス」"the balance of nature around Tokyo".
* 「大きく崩れている」「崩れている」は状態であるから,"is destroyed seriously"である. しかし,「崩れつつある」と読んで"is being lost".
* 「ため」「これ（燕の数の減少）は〜ためだ」."this is because".
* 「との説には説得力がある」以上を"the argument that this is because 〜"とまとめて,述語は"is very convincing/persuasive". しかし,主語が長くて形が悪いと感ずれば,"the most convincing argument is that 〜"がよい.

2. 世界で最もよごれているのは,日本の都会の空であるといわれている.

* 「世界で最もよごれているのは」「よごれている」は状態で,"dirty". 準体詞「の」は「空」. "the dirtiest sky in the world".
* 「日本の都会の空である」"the sky"と繰り返さずに"is that above the cities of Japan"（文法：指示代名詞）. あるいは「よごれているのはどこかなと思えば」という気持ちで"is found above 〜".
* 「〜といわれている」「〜といわれる」の状態性を強めただけで,"it is said that 〜".

よごれた大都会の空気には二百種類もの，自然界には存在しない物質が含まれているといわれる．

* 「よごれた大都会の空気」「よごれた」は「大都会」ではなく「空気」を修飾．"the dirty/polluted air in the big cities"．
* 「二百種類もの，〜物質」"over 200 chemicals/substances/kinds of matter"．
* 「自然界には存在しない」 水 H_2O も化学物質であるが，日常語では化学物質と言えば人工的物質．同様のことが"chemicals"にも言える．他の語を使うなら関係詞節で，"which do not exist in nature"．
* 「含まれている」 明らかに状態であって「ある」と同意．"there are over 〜"．または「空気」を主語に"the polluted air 〜 has/contains"．

3. 海外の学校に就学した子どもは，その学校への適応よりもむしろ，帰国後の日本の学校への適応の方が困難だと感じている．

* 「海外の学校」 "schools abroad/overseas/in foreign countries"．
* 「就学した子ども」 これを「就学している子ども」の縮約形（第4章実戦問題7）とみれば，"children (who are) attending schools"．「入学した子ども」と考えれば，"children who have entered schools"．現在も在籍中ゆえ過去形は不可．
* 「その学校への適応」「適応」は"adjust (oneself) to/adapt (oneself) to"．「その」と限定されていることに注意して"adjust to the school"．
* 「〜よりもむしろ〜の方が困難だ」"less difficult (hard) than 〜"を使えば和文の語順をほぼ維持できる（文法：劣等比較）．"more difficult (harder) than"を使うと語順が大きく変わるが勿論よい．
* 「帰国後の」 文字通りでは"after they return home (to Japan)"であるが，「帰国した時の」と考え，"when 〜"．または"upon their return home"．
* 「日本の学校への適応の方が」 "less"を使えば"than (it is to

adjust) to the Japanese school"であるが,括弧内は省略が普通(文法：接続詞 than).
   * 「困難だと感じている」「感じている」は状態."feel/think/find". S+V+O+Cでも，S+V+that節でも書ける.

4. 人間は誰でも身勝手なものだ.
   * 「人間は誰でも」"all people/all of us/everyone/every human being".
   * 「身勝手なものだ」"be selfish/self-centered/egoistic"等.
   街を歩いている時には，道をわがもの顔で走っている車を実にけしからんと思う. ※
   * 「街を歩いている時には」「歩いている」は一定の期間内の進行中の動作であるから，"when (they are) walking along the street".
   * 「道をわがもの顔で」"as if they owned it".
   * 「走っている車」「走っている」は進行中の動作であるが，"run"は「定期的に運行する」という状態動詞."be running"は不可.「他人が運転している車」と考えて，"the cars other people are driving along the street". あるいは「車を運転している人」と考え，"people in cars (who are) driving～". 進行形を使ってもよいが,「街を歩いている時」に見かける恒常的に反復される動作だと考え現在形がよい. 和文も「わがもの顔で走る車を…」とした方がよい.
   * 「実にけしからんと思う」"get annoyed (upset/indignant/angry) at".
   ところが一方，タクシーに乗っていると，こんどは歩行者がいかに交通規則を無視しているかに腹を立てる.
   * 「ところが一方」"on the other hand, however,".
   * 「タクシーに乗っていると」"get in"は瞬間的動作で不可."be riding in a taxi"であるが,「タクシーの中にいると」と考えてよい.
   * 「こんどは」「ところが一方」があるのだから冗語.
   * 「歩行者が」"pedestrians/people who walk down the street".

第5章　「～ている」の諸相　61

* 「いかに交通規則を無視しているかに」「無視している」は "be ignoring" でよいが，※と同じく現在形で，「いかに」は "how unthinkingly/blatantly" のように副詞をつける．"how unthinkingly people who ～ ignores ～" とするのは複雑すぎるので，その場合は「交通規則を無視する人に腹を立てる」と考える．

5. 多くの日本人は，日本語は他の言語と違ったところが多いため，外国人には難しい言葉であると考えているようである．　※
   * 「多くの日本人は～と考えているようである」「考えている」は状態動詞 "think" で．「ようである」は "most (a lot of) Japanese seem to think" と主語の後に置いてもよいし，"It seems that～" でもよい（本書第6章）．
   * 「日本語は～外国人には難しい言葉である」"(the) Japanese (language) is difficult for foreigners to learn" または，"it is difficult for foreigners to learn Japanese"．この書き換えに習熟すること（文法：形容詞の文型）．
   * 「他の言語と違ったところが多いため」 "because it has many aspects different from other languages/because it is different from other languages in various respects"．

   中には自分達が外国語を習得するより，外国人が日本語を習得する方がずっと難しいと考えているものもいる．
   * 「中には～考えているものもいる」 "some of them" を主語に．外国人と混同されることをおそれて "some Japanese" もよい．動詞は "think/assume/believe"．
   * 「自分達が～ずっと難しい」 ※の "it is difficult for S' to-V" を使って二つの文を作り，比較級と接続詞 than で結び，than 以下の不要のものを削ればよい．「ずっと」は "much/far"．「習得する」に "study" は不可．

   しかし話し言葉に関するかぎり，日本語は決して難しくない．
   * 「しかし話し言葉に関するかぎり」 節で "as far as the spoken

language is concerned". 句で "as for the spoken language".
* 「日本語は決して難しくない」「決して」は "not ～ at all". "never" は不可.

<mark>その証拠に，日本に来ている外国人の中には，1年もすると日常会話は十分にできるようになる人も多い.</mark>

* 「その証拠に」 "The proof of this is that/The proof of this lies in the fact that/This is evident from the fact that ～".
* 「日本に来ている外国人」「来ている」が「途上にある」ではないことは明らかである. "foreigners (who are) staying (living) in Japan".
* 「～の中には～人も多い」 "many foreigners" が主語. または "among foreigners ～ there are many who ～".
* 「1年もすると」 "within a year/in less than a year/before a year passes"
* 「日常会話は十分にできるようになる」「ようになる」と変化の過程を英語では書かない. "can carry on conversation adequately".「会話」にこだわる必要はない.「日本語がはなせる」でも十分である.

6. <mark>現代人は歯磨を買うのではなく，広告やデザインに現れた歯磨のイメージを買うのだという冗談がある.</mark>

* 「～という冗談がある」「しゃれ，おどけ，ひやかし」ではないから "joke" は不可. "There is an amusing (humorous) saying that goes: ～". "anecdote" も可.
* 「現代人は歯磨を買うのではなく」 次の部分と "not ～ but ～" を考えておく.
  "people today don't buy the toothpaste but ～".
* 「広告やデザインに現れた歯磨のイメージ」「現れた」は「現れている」の縮約形. しかし "the image appearing in ～" では誰も何もせずにイメージが現れることになりそうだから,「現された」 "expressed" を使う. "the image expressed in the advertising and design of

第5章　「～ている」の諸相　63

the product".

<mark>じっさい歯磨の質などどれも似たようなものだから，消費者は気分次第で選んでいるといっても間違いない．</mark>

* 「じっさい歯磨の質などどれも似たようなものだから」「じっさい」"in fact". 全体を since (because) 節に．"all toothpastes" が主語．述語は "be similar in quality/be about the same/be identical in quality".

* 「〜といっても間違いない」"we may say that 〜 /it can be safely said that 〜"

* 「消費者は〜選んでいる」「選んでいる」は反復的動作．しかも一時的ではないから，英語は現在形のほうがよい．"consumers choose (select)".

* 「気分次第で」"according to their mood". 「その都度気に入ったものを」と考えて，"whatever they like at the moment".

<mark>明るい包装，胸のはずむ宣伝文句――ひとびとは一個の歯磨が担っている雰囲気を買うのである．</mark>

* 「明るい包装，胸はずむ宣伝文句――」「――」の扱いに悩むが「雰囲気」を出す代表例として，文頭に訳して和文の構成に合わせることにする．「明るい包装」"bright packaging". 「胸はずむ宣伝文句」"exciting slogans/bold catchphrases".

* 「ひとびとは〜雰囲気を買う」"people buy the atmosphere (image) 〜".

* 「一個の歯磨が担っている」「担っている」は様態．"which surroumds/surrouning/ (which is) borne by/ (which is) expressed in". 「一個の歯磨」は個数を言っているのではなく，「ある特定の歯磨」"the particular brand of toothpaste".

<mark>だいたい，現代人はなんのために歯磨を使うのか．</mark>

* 「だいたい〜なんのために」"What in the world 〜 for?/Why on earth 〜 ?".

* 「現代人は歯磨をつかう」"people today use toothpaste"を疑問文に．

口の衛生のためならひとつまみの食塩で足りるのだ.
* 「口の衛生のためなら」 "if it is for oral hygiene (health)". 少し苦しいが "to rinse the mouth/to keep the mouth clean".
* 「ひとつまみの食塩で足りる」 "a pinch of salt is enough/will suffice（do）"

　　われわれは朝の気分を少し味わうために, バラ色のチューブから空色のクリーム（paste）をブラシのうえにしぼり出す.
* 「朝の気分を少し味わうために」 "mood" は人間の心的状態.「朝の清々しさを」と考え, "in order to enjoy (appreciate/feel) the freshness of the morning".
  または「一日を始める儀礼として」"in order to start the day".
* 「バラ色のチューブから空色のクリームをブラシのうえにしぼりだす」「チューブをしぼる」なら "squeeze a tube" だが, ここは「クリームをチューブからしぼりだす」"squeeze paste from a tube".「ブラシのうえに」"onto a brush".

　　われわれはまさにそういう美しい夢を買っているのであり, 現実生活のなかでそうしたイメージそのものを消費しているのだといってもよい.
* 「まさにそういう美しい夢を買っている」「買っている」は反復的動作.「まさに」は冗語.「そういう」"these/such".「美しい夢」"beautyful dreams/fantasies". "illusions" が筆者の本意だろうが, ここは彼の韜晦を尊重しよう.
* 「現実生活のなかで」 "in our real lives". "real" は "imaginary" の対.
* 「そうしたイメージそのもの」 "these (such) images themselves".
* 「消費している」 反復的動作. 現在形で.
* 「といってもよい」 "We may say that 〜/Surely, 〜".

7. 私の知っている人が, 今メキシコに行っています.
* 「私の知っている人」 "a friend (acquaintance) of mine". "my friend" は間違いではないが, 友人が一人しかいないようにも響く.

第5章　「〜ている」の諸相　65

* 「今メキシコに行っています」 状態. "is now in Mexico". どうしても進行形を使いたければ, "is now staying (living) in Mexico". 最近の彼の手紙では, メキシコ市は盆地で空気が澱んでいるし, 高地に位置しているので空気が薄くて車の燃料が不完全燃焼するので大気が汚染されているのは日本の大都会以上だと書いています.
* 「最近の彼の手紙では〜と書いています」 "According to his letter"としてもよいが, "According to 〜"を使うのは「(新聞などの)公的機関によれば」という場合が多い.「書いています」は動作の結果としての状態. 英語は過去形. "In a recent letter he wrote that 〜".
* 「メキシコ市は盆地で」 ウナギ文.「盆地にある」"Mexico City is (located) in a basin".「で」は「だ」の連用形で, 理由を示す. "as/since/because".
* 「空気が澱んでいるし」 状態. "the air is stagnant (stale)". ダラダラ続けず文を一旦切る. 次の文頭に, "And, he said (added),".
* 「高地に位置しているので」 様態. "as it is situated at a high altitude"となるが, この部分は「空気が薄い」理由. さらに,「空気が薄い」のが不完全燃焼の理由であるから, 節の中に節がある複雑さを避けて句で表す. "because of 〜".
* 「空気が薄くて」 "as the air is thin (rate)".
* 「車の燃料が不完全燃焼するので」 和英辞典で「不完全燃焼」"an incomplete (imperfect) combustion"という言葉を見つけても使い様がないだろう. "the car fuel does not burn completely".「ので」は次の部分の頭に "〜, so".
* 「大気が汚染されている」 状態.「メキシコ市の大気」"the air there".
* 「日本の大都市以上だ」 "that in big cities in Japan is polluted"と文を作ってから比較の文にして不要なものを削除する.

作 例

1.

(1) It is said the number of swallows coming to Tokyo has been decreasing for several years, but the real cause is unknown. However, the argument that it is because the balance of nature around Tokyo is lost is very persuasive.

(1′) Some authorities assert that the swallows coming to Tokyo have been decreasing for several years. Though the actual cause is unknown, the argument that it is due to an imbalance in nature is very persuasive.

(2) They say that swallows coming to Tokyo have been decreasing in number for several years, but no one seems to know exactly why. But the most convincing argument is that the balance of nature around Tokyo is being destroyed.

2.

(1) It is said that the dirtiest sky in the world is that above the cities of Japan. I hear that in the polluted air in the cities there are over 200 substances which do not exist in nature.

(2) I hear that the dirtiest sky in the world is found above the cities of Japan. They say that the polluted air in the cities has over 200 chemicals (which do not exist in nature).

3.
   (1) Children attending schools abroad feel that it is less difficult to adjust to the foreign school than to the Japanese school when they return home.
   (2) Children who have entered schools overseas find it more difficdult to adjust to Japanese schools upon their return home than to those schools they are attending abroad.

4.
   (1) All people are selfish. When they are walking along the street, they become annoyed at the cars people drive down the street as if they owned it. On the other hand, when they are riding in a taxi, they get upset at how unthinkingly pedestrians ignore the traffic rules.
   (1') People are selfish. When walking along the street, they get annoyed at drivers in cars driving down the street as if they owned it. On the other hand, when riding in a taxi, they become offended by pedestrians who blatantly ignore the traffic regulations.
   (2) All human beings are selfish. When walking along the street, they get annoyed at people in cars driving down the street as if they owned it. On the other hand, when they are in a taxi, they get indignant at people who walk down the street blatantly ignoring the traffic regulations.

5.

(1) A lot of Japanese seem to think that the Japanese language is difficult for foreigners to learn because it has many aspects different from other languages. Some of them believe that it is much more difficult for foreigners to learn Japanese than for them to learn a foreign language. But as far as the spoken language is concerned, Japanese is not difficult. The proof of this is that many foreigners staying in Japan can carry on conversation quite well before a year passes.

(2) It seems that most Japanese think it is difficult for foreigners to learn Japanese because it is different from other languages in carious respects. Some Japanese assume that it is much harder for foreigners to learn Japanese than for them to learn a second language. As for the spoken lan-guage, Japanese is not difficult. This is evident from the fact that among those foreigners living in Japan there are many who can speak it within a year.

6.

(1) There is an anecdote that goes: people today don't buy the toothpaste but the image expressed in the advertising and design of the product. In fact, since all toothpastes are about the same, consumers select whatever they like at the moment. Bright packaging and exciting slogans—people

buy the atmosphere surrounding the particular brand of toothpaste. What in the world do people today use toothpaste for? If it is for oral hygiene, a pinch of salt is enough. In oder to appreciate the freshness of the morning, we squeeze blue paste from a rose-colored tube onto a brush. Surely, we buy such beautiful fantasies and consume the images themselves in our real life.

(1') There is an anecdote that goes: people don't buy the toothpaste; they but the advertising and the design. In actuality, since all toothpastes are the design. In actuality, since all toothpastes are basically the same, consumers select primarily on whim. Bright packaging and catchy slogans —people buy the image surrounding the product. What on earth do people use toothpastes for? If it is for oral hygiene, a pinch of salt will do. To start the day right, we squeeze blue paste from a rose-colored tube onto a brush. In a sense, we buy the dreams and consume the images themselves in our daily lives.

(2) There is an amusing saying that people today don't buy the toothpaste but the advertising and design of it. In fact, since all toothpastes are similar in quality, consumers choose according to their mood. Bright packaging and bold catchphrases—people buy the image borne by the particular brand of toothpaste. Why on earth do people today buy

toothpaste? A pinch of salt is enough to keep the mouth clean. In order to start the day, we squeeze blue paste from a rose-colored tube onto a brush. We may say we buy these beautiful dreams and consume such images themselves in our real life.

7.

(1) An acquaintance of mine is now in Mexico. In a recent letter he wrote that, as Mexico City is located in a basin, the air is stagnant. He said, as the air is thin because of its high altitude, the car fuel does not burn completely, so the air there is more polluted than that in the big cities in Japan.

(1') A friend of mine now staying in Mexico wrote in a recent letter that the air in Mexico City is very bad because the city is located in a basin. He said the air is also thin due to the high altitude which causes incomplete fuel combustion. Consequently, the air there is even more polluted than that in major cities of Japan.

(2) A friend of mine is now staying in Mexico. According to his recent letter, since Mexico City is in a basin, the air is stale. And, the letter says, as the air is thin because the city is located at a high altitude, gasoline does not burn well, so that the air there is more polluted than that in major cities of Japan.

第6章　述語動詞句の構造

　　彼が東京へ行かせられたのかもしれない．

という文の述語の部分は「行く ik+ かせ ase（受身）+ られ rare（使役）+ た ta（完了）」で，一応完結した文に「かもしれない（推量）」が加わるという形になっている．「動詞（語幹）+ 受身 + 使役 + 完了 + 推量」というこの語順は恣意的なものではなく，これ以外のものはゆるされない．英語で，

　　He may have been made to go to Tokyo.

と言うとき，その述語の部分は「may（推量）+have been（完了）+be made（使役受身）+to go（動詞原形）」であって，その語順を変えることはできない．日本語と英語の間に左右が入替わる鏡像関係があるのか否かはここでは考えないが，正確な語順の習得が肝要である．

--- **練習問題** ---

　述語動詞句の語順に注意して英訳せよ．
1. 彼は弟子達に崇められてきた．
2. 彼があのビルに入って行くのがこれまでに何回か見られた．
3. 彼女には何か素晴らしいことがあったに違いない．
4. 彼女は昔は女優だったと言われている．
5. 窓は開けっ放しであったのかもしれない．

　推量・伝聞・比況（～よう）等，ある叙述に対する話し手の態度を表わす部分を「法表現」というが，日本語では，「雨がふりそうだ」と述語の一部となるか，「雨が降るに違いない」といったん完結した文を再展叙するかはどの表現を使うかによって一義的に決まってしまう．
　これに対して英語では，

■ He may have been made to go to Tokyo.　……①
■ It may be that he was made to go to Tokyo.　……②

のように，①では述語の一部，②ではthat節の左側でというように二つの形が許される場合が多い（文法：文の変換；Itを主語にする場合）．that節を使う場合はほとんど問題はないが，述語の一部とする時は，推量等が現在で叙述の内容が過去の場合に完了形を使う必要がある（文法：完了不定詞）．

〔練習問題の解答と解説〕

1. **He has been worshiped by his disciples.**
2. **He has been observed going into the building several times.**
   これはS+V+O+Cの文 "(We) have observed him going ～" のOを主語にした受身である．「行くのが」の「の」については次の章で検討する．
3. ① **Something wonderful must have happened to her.**
   ② **I am sure that something wonderful happened (has happened) to her.**
   ②の "I am sure" という法表現が，①では "must" 一語で表される（文法：法助動詞）．②の訳例でthat節の中で過去形を使うのか，現在完了形を使うのかは「素晴らしいことがあった」のがいつであるかによる．遠い昔なら過去形，つい最近のことであれば現在完了形．①の例ではその区別がつけられない．
4. ① **She is said to have been an actress.**
   ② **It is said that she was an actress.**
   ①の "be said" が，②ではthat節の左側に来ているが，その際 "It is said that she has been ～" とするか否かは，3. と同じ様に考える（文法：各種の構文の受動態）．It seems that S+V=S seem(s) to-V にも同様なことが言える（文法：不定詞；自動詞の補語として）．
5. ① **The window may have been left open.**
   ② **It may be that the window was left open.**

第6章　述語動詞句の構造　73

法助動詞 "may" の説明のためと思って②を挙げたが, "It is possible that ～ /Maybe ～ /Possibly ～" などの方が普通.

実戦問題

1. 彼はきょう元気がないようだ．何か心配事があるに違いない．（慶応大）
2. 彼は柔軟な頭の持主である．だから，とっぴなものの考え方を，ただとっぴだという理由だけで排斥するようなことはしないはずだ．（お茶の水女子大）
3. 夏目漱石は若いころ，英語ですばらしい小説を書いて西洋人をあっと言わせようと考えたことがあったという．彼ほどの文才と語学力があれば，それは可能なことだったかもしれない．（成城大）
4. シューベルト（Schubert）は，社会の中に自分のいる場所がどこにもないのを発見した最初の近代音楽家であった．彼のように，他の人間を誰ひとり傷つけることなく創造一途に生きる人間は，社会からはじきだされるほかなかったのである．（大阪女子大）
5. ためしに鍵を別の方向に回してみたが，その古い鉄の扉はどうしても開かなかった．もしあの扉を開けられたら，数々の財宝が手に入って，いまは裕福な生活をしているものを．（横浜市大）
6. 本を読んでその著者に惚れこんでしまったら，何としてでもその著者に手紙を書き，会うことをおすすめします．著者というものは，自分の書いた本の評判は非常に気になるものです．それが読者から手紙をもらったりすると，どんな有名人でもうれしくなるのは普通の人と変わらないでしょう．（京都大）
7. ベートーベンなしには「第9交響曲」は作曲されず，紫式部なしには「源氏物語」は書かれなかったであろうが，相対性理論はアインシュタインがいなくても発見されただろうと言われる．芸術の歴史に伴う予測不可能性とは対照的に，科学は決定論的な進路をたどると考えられている．このような主張はどのような根拠に基づいているのであろうか．（都立科学技術大，現・首都大）

▎考え方

1. ▎彼はきょう元気がないようだ．
   * 「～ないようだ」"It seems that ～ not"でもちろんよいが，少し傍観的に聞こえる．"He doesn't seem to be ～/He doesn't look ～".
   * 「元気」"well/fine/all right/OK"だが，"not ～ very well"がよい．
   ▎何か心配事があるに違いない．
   * 「～に違いない」"I'm sure/I suspect"と文頭で表してもよいし，法助動詞を使って"He must be ～"もよい．
   * 「何か心配事がある」"he worries about something/he is worried about something". "must"を使うなら後者がよい．

2. ▎彼は柔軟な頭の持主である．
   * 「彼は～持主である」"He is the owner of"と苦しい訳は避けて"He has/He is"で工夫せよ．逆に「彼はテニスが上手だ」"He is a good tennis player". は常識．
   * 「柔軟な頭」"soft head"ではない．"a flexible mind". "adaptable"は限定的（名詞修飾）には使えないから，"be adaptable to various opinions".
   ▎だから，とっぴなものの考え方を，ただとっぴだという理由で排斥するようなことはしないはずだ．
   * 「だから」"So/Therefore".
   * 「～ないはずだ」 話し手の判断であるから，"I don't think he would ever ～"がよいが，"would"という（仮定）法助動詞に「彼なら～ないだろう」という気持ちが十分に入っていると見て"he would never ～"も可．"it would be unthinkable for him to-V"もよい．
   * 「とっぴなものの考え方を排斥する」「考え方」は「思考様式」"the way of thinking"ではない．"idea/opinion".「とっぴな」"strange/unusual".「排斥する」=「拒絶する」"reject/turn down/refuse".
   * 「ただとっぴだという理由だけで」"just because it seems that way

第6章　述語動詞句の構造　75

（to be strange）/merely on the ground that it is unusual".

3. 夏目漱石は若いころ，英語ですばらしい小説を書いて西洋人をあっと言わせようと考えたことがあったという．
   * 「〜という」"S is said to-V"で書こうとしてもどこに"be said"を入れればよいかわかりにくい．一番左に"It is said that 〜"とする方が簡単．
   * 「夏目漱石は若いころ」「は」は「考えた」の主題を示しているが，「若い」の主語．名前の書き方は第2章実戦問題6参照．"when Natsume Soseki was young".
   * 「〜と考えたことがあった」"considered（thought about）V-ing".
     "consider that S+V"は「勘定にいれる」で不可．that 節ではなくwhether 節なら可．
   * 「英語ですばらしい小説を書いて」"writing a brilliant novel in English".
   * 「西洋人をあっと言わせよう」"to make Westerners say Oh"では英語と認められないであろう．「西洋人を驚かす」"Westerners would be amazed at it"と考える．和文は「〜書いて〜言わせる」と連用の関係になっているが，それには拘らず（本書第10章），「西洋人を驚かすすばらしい小説」と考えて見る．関係詞節で．

彼ほどの文才と語学力があれば，それは不可能なことだったかもしれない．
   * 「彼ほどの〜があれば」 if 節は不可．文語の未然形「あらば」と已然形「あれば」の区別は失われ「仮定形」になってしまったが，夏目漱石には素晴らしい文才と語学力があったのだから確定の条件．「〜があったので」"as he had/with his 〜".
   * 「文才と語学力」 "literary talent and ability in languages/a talent for writing and linguistic ability".
   * 「それは可能なことだったかもしれない」 実現されなかったことを述べている．この場合，英語の法表現に多く見られる二刀流❶ "It

must be that/Probably,"と左側で表す❷述語動詞句で表す,を発揮することはできず,必ず述語動詞句内で表現しなければならない（文法：仮定法過去完了）."he could have done it/he would have been capable of doing it"がよい."he would have been able to do it"は前の二つには"but he didn't"が自然に続けられるのに対してそうではないので（？）.それは"be able to"を過去に使うと実際にそうしたことが含意されてしまい,「実際になされたかもしれない」の意になるからであろう.

4. シューベルト（Schubert）は，社会の中に自分のある場所がどこにもないのを発見した最初の近代音楽家であった.
   * 「シューベルトは〜最初の近代音楽家であった」"Schubert was the first modern composer who 〜"."musician"でもよいが,「演奏家」という感じが強い.
   * 「社会の中に」"in society".「社会」は人間社会一般と考え冠詞をつけない.
   * 「自分のいる場所がどこにもない」"there is/was no place for him"時制の一致にこだわれば過去形.シューベルト以来今でもと考えれば現在形.
   * 「のを発見した」"discovered/realized/found that".

   彼のように，他の人間を誰ひとり傷つけることなく創造一途に生きる人間は，社会からはじきだされるほかなかったのである.
   * 「彼のように〜人間は」"such a person as he who/a person like him who 〜".
   * 「他の人間を誰ひとり傷つけることなく」"without hurting others"."injure"は身体的傷だろうし,"wound"は武器による傷の語感が強い.
   * 「創造一途に生きる」"lived only for creation".時制に迷うが,具体的にはシューベルトの話だし,文末の「〜なかったのである」を見て過去形.

* 「社会からはじきだされる」"be excluded from society" と受身がよいが，次との関連上受身が使えなければ "leave (get out of) society".
* 「ほかなかったのである」 述語動詞句で工夫すれば，"could not help V-ing/had no choice but to-V". その際，「彼がする」のであるから受身は不可．左側で工夫すれば "it was inevitable (natural) that". 全体の構文は「彼〜人間」が主語でもよいが，長すぎると思えば「人間が〜生きる場合，彼は」と when 節で．

5. ためしに鍵を別の方向に回してみたが，その古い鉄の扉はどうしても開かなかった．

* 「ためしに〜してみた」"try V-ing" と "try to-V" の区別はそれほど気を使わなくてよいが辞書で確かめよ．実際してみたのだから，前者の方がよい．
* 「鍵を別の方向に回して」"turn the key in the opposite direction" で通ずるが，鍵は回転運動をするから「方向」は変だと思えば "clockwise" を使って工夫を．
* 「その鉄の扉は」 鍵で開けるのは扉ではなく錠前だと文句を言いたくなるが（本書第11章），大目に見て "the old (rusted) steel (iron) door".
* 「どうしても開かなかった」"just would not open". "would" は渾名を付ければ「頑固の will」（文法：will, would の特殊用法）．

もしあの扉を開けられたら，数々の財宝が手に入って，いまは裕福な生活をしているものを．

* 「もしあの扉を開けられたら」 過去に関する仮定であるから，現実に反するものであることは明らか．仮定法過去完了で．もし「雨なら彼はいないだろう」であれば，「雨なら」が「雨かどうかわからないが」という開放条件なのか（直説法で）「今は晴れているが，雨なら」という拒否条件なのか（仮定法過去で）見極める必要がある．過去に関する仮定では迷いはない．"If I could have opened it".

* 「数々の財宝が手に入って」 主節は"would（could/might）+have+p.p.". "I would have gotten various treasures/have had my hands on unlimited fortune".
* 「いまは〜ものを」 条件節が過去に関するものでも帰結（主節）が現在に関する場合が結構ある．「あの時ああしていれば，今頃は」と思いつつ人は生きている．
* 「裕福な生活」 "be wealthy（very rich/well-off/living a life of leisure）".

6. 本を読んでその著者に惚れこんでしまったら，何としてでもその著者に手紙を書き，会うことをおすすめします．　※
   * 「本を読んで」 after 節か when 節．現在形も可だが完了形で．「本」は "a book"
   * 「著者に惚れこんでしまったら」 "fall in love with the author". 「惚れる」は性愛の対象にすることであるが比喩的にも使える．"fall in love" も同様．他に，"be fascinated by/be charmed with/be attracted to".
   * 「〜ことをおすすめします」 "I recommend (that) you 〜" と左側で書く．その際，that 節内の動詞は原形（文法：仮定法現在）．述語動詞句で工夫するなら，法助動詞 should をつければよい．"I advise you to-V" もよい（that 節も可）．
   * 「何としてでも」「手紙を書く」ではなく「会う」を修飾しているのだろうが，冗語とみなすのがよい．"by all means" は「どうぞ」の意で不可．
   * 「手紙を書き，会う」 手紙を書くのは誰でも可能だが会えるか否かは分らない．上の「何としてでも」はその気持ちの表れ．"write (to) him or her and ask to meet/ 〜 and meet if possible". 「著者」は男女いずれか不明であるから "he or she" という代名詞が正式の英語．ここでは繁雑さを避け旧式の "he" で通す．なお，開き直りの便法として全部で "she" で書くという手もある．

> 著者というものは，自分の書いた本の評判は非常に気になるものです．　※※

* 「著者というものは」「というもの」は冗語．「著者一般」"writers/authors"．
* 「～非常に気になるものです」"be very anxious about/anxious to-V"．
* 「自分の書いた本の評判」"the reputation (popularity) of their books (writings)"．節で "how their books are received by readers/what people think of their books"．

> それが読者から手紙をもらったりすると，どんな有名人でもうれしくなるのは普通の人と変わらないでしょう．

* 「それが」「そんな時思いもかけず」"contrary to what they might expect" であろうが，冗語とみなす．「悲しかったでしょう」「それがね，嬉しかったのよ」
* 「読者から手紙をもらったりすると」「～たりすると」は他にも色々な可能性たとえば電話がかかる・贈物が届く等があることをほのめかした表現だが，冗語とみなす．"when they receive a letter from a reader (fan)"．
* 「どんな有名人でも」　※※とここまでは「著者一般」と考えて複数で扱ってきたが「どんな有名人」となると※の "he" に戻らずをえない．"however (no matter how) famous a writer (is)"．または主語を "even a very famous writer" にする．
* 「うれしくなる」「なる」という変化の過程は無視．"be happy/glad/flattered"．
* 「普通の人と変わらない」"as ～ as/no less ～ than"．「普通の人」"ordinary (common) people" は可だが，差別感がある．"any person/anyone"．
* 「でしょう」"be sure to be" という句を使う．法助動詞 might を使う．あるいは左側で "I am sure he will be ～"．

7. ベートーベンなしには「第9交響曲」は作曲されず，紫式部なしには「源氏物語」は書かれなかったであろうが，相対性理論はアインシュタインがいなくても発見されただろうと言われる．

* 「ベートーベンなしには」 節で書けば仮定法過去完了 "If it had not been for Beethoven"．句で "But for (Without) Beethoven"（文法：条件を表す副詞句）．
* 「『第9交響曲』は作曲されず」 "the Ninth Symphony would never have been composed" であるが，「現在『第9交響曲』を聞くことができない／存在しない」と考え，"there would not be a Ninth Symphony" もよい．
* 「紫式部なしには」 "If it had not been for Murasakishikibu"．他上と同じ．
* 「『源氏物語』は書かれなかったであろう」 "The Tale of Genji would never have been written"．勿論「今存在しない」と考えてもよい．文を一旦切る．
* 「相対性理論は〜と言われる」 "the theory of relativity is said to 〜" とすることは出来ない．それは述語動詞句が "would have been p.p." になり，法助動詞に直接もう一つ法表現を足してやることができないからだ．左側で "it is said that 〜"．「前から言われてきた」と考えて "it has been said that 〜" も可．
* 「アインシュタインがいなくても」 "even without Einstein"．
* 「発見されただろう」 "would have been discovered (constructed)"．

芸術の歴史に伴う予測可能性とは対照的に，科学は決定論的な進路をたどると考えられている．

* 「〜とは対照的に」 "in contrast to"．
* 「芸術の歴史に伴う予測不可能性」 "unpredictability which accompanies the history of the arts" だが，「芸術がどの方向に進むか誰にも分らないのにたいして」という事柄と読んで "while no one can tell in which direction the arts will develop" ともできよう．
* 「科学は〜と考えられている」 今度は左側で "it is thought that

science ～" もよいし，述語に "science is thought to-V" もよい.
* 「決定論的な進路をたどる」 "tread (walk along) the deterministic path (road) of progress". 「科学の発展の進路は前もって決められている」 "the course of the scientific progress is set beforehand/ is predetermined".

<mark>このような主張はどのような根拠に基づいているのであろうか.</mark>
* 「このような主張は」「主張」の語訳は色々考えられるが "argument". "opinion/view" も可. "this sort of argument/such an argument".
* 「どのような根拠に基づいているのであろうか」 "What is the basis of ～?/What is ～ based on?".

作 例

1.
(1) He doesn't look very well today. He must be worried about something.
(2) It seems that he is not very well today. I suspect that he is worried about something.

2.
(1) He has a flexible mind. Therefore, I don't think he would ever reject a strange idea just because it seems that way.
(1') He has a very flexible mind. I don't think he would ever refuse to consider an idea simply because it seemed strange.
(2) He is adaptable to various opinions. So it is unthinkable for him to reject a strange idea merely on the grounds that it is

unusual.

3.

(1) It is said that when Natsume Soseki was young, he thought about writing a brilliant novel in English that Westerners would be amazed at. With his literary talent and ability in languages, he probably could have done it.

(1′) When Natsume Soseki was young, he is said to have considered writing a novel in English even Westerners would have been amazed at. With his literary talent and ability in Languages, he probably could have done it.

(2) It is said that when he was young. Natsume Soseki considered writing a splendid story in English that would amaze Westerners. With his literary talent and linguistic ability, he would have been capable of doing it.

4.

(1) Schubert was the first modern composer who discovered that there was no place for him in society. Such a person as he who lived only for creation without hurting others could not help getting out of society.

(1′) Schubert was the first modern composer who realized there was no place for him in society. When a person such as he who lived only to create music without hurting others, it was only natural that he should have felt like an outsider.

(2) Schubert was the first modern composer that realized there was no place in society for him to live. When a person lived only for creation without hurting others, it was natural that he should be excluded from society.

5.

(1) I tried turning the key in the opposite direction, but the old steel door just would not open. If I could have opened it, I would have gotten various treasures and I could be living a life of leisure now.

(2) I tried turning the key clockwise and then counterclock-wise, but the rusted iron door just would not open. If I could have opened it, I would have had my hands on unlimited fortune and I would be well-off now.

6.

(1) After you have read a book and have fallen in love with the author, I recommend that you write him and ask to meet him. Writers are very anxious about the reputation of their books. When they receive a letter from a reader, no matter how famous a writer, I am sure he will be as happy as any person would be.

(2) When you have read a book and been fascinated by the

author, you should write to him and meet him if possible. Authors are very anxious to know how their writings are received by their readers. When they receive a letter from a fan, even a most famous writer is sure to feel no less flattered than anyone would be.

7.

(1) If it had not been for Beethoven, the Ninth Symphony would never have been composed, and but for Murasakishikibu, "The Tale of Genji" would never have been written. But it has been said that even without Einstein the theory of relativity would have been discovered. In contrast to the unpredictability which accompanies the history of the arts, science is thought to walk along the deterministic path of progress. What is the basis of this sort of argument?

(2) But for Beethoven, there would not be a Ninth Symphony and without Murasakishikibu, there would not be "The Tale of Genji". But it is said that the theory of relativity would have been constructed even without Einstein. It is thought that, while no one can tell in which direction the arts will develop, the course of scientific progress is predetermined. What is such an argument based on?

第7章　文の体言化——二つの「こと」

　　彼が昨日京都へいったことは本当だ　……①
　　彼が昨日京都でいったことは本当だ　……②

「こと」の働きは両者において違いがないようにみえるかもしれない．しかし英語では，

　　That he went to Kyoto yesterday is true.
　　=It is true that he 〜…①′
　　What he said in Kyoto yesterday is true.　…②′

という違いが現れる．このことを日本語に即して考えてみよう．

　①を二つの文に分解すると「彼が昨日京都へ行った」と「そのことは本当だ」が得られる．つまり①で「こと」の働きは完全な文「彼が〜行った」の外側に付いて，その文を体言化してはいるが，それ自身は辞書的な意味は持たない形容名詞である．

　これに対して，②を分解してみると，「彼が昨日ある事を京都で言った」と「その事は本当だ」が出てくる．「事」は「言った」の目的語であって，「彼は〜言った」という文から「事」を修飾する連体修飾節を作っている．その意味では「事」は「言った」の目的語と節を体言化するという二重の働きをもっているとも言える．

　おおまかに言えば，①の「こと」が"that"に，②の「事」が"what"に対応している．勿論，that 節よりも to-V・V-ing・名詞等が，what 節よりも「名詞＋関係詞」・名詞等が相応しい場合があることは否定できないが，上に述べたことは一応の目安にはなると思う（文法：That 節／What 節）．

―――― 練習問題1 ――――

「こと」の働きを考えてから英訳せよ．
1. 確かなことは，何も確かではないことだ．

2. 人間に大切なことは，いかに他の生物と共存するかである．
3. 彼のやったことは確かに行き過ぎだが，彼の努力は買ってやらなくてはいけない．
4. 地球が私達だけのものではないことを忘れてはいけない．
5. 私の言いたいことは，あの人は金で動かされる人ではないことです．
6. 彼が性差別をする人であることは，知っておくべきことだ．

　以上の〔例題〕は文脈が与えられていない単独の文であるから，いくらか唐突に響くものもあると思う．たとえば，「人間に大切なことは」と文を始めるのは，それに先立って人間の取り得る様々な行動を論じてからだろうし，「私の言いたいことは」と言えるのも「あの人」について色々語ったのち「話の要点は」というつもりの時であろう．これは実は英語でも同様のことが言えるのであって，文脈を無視して文法を語ることには限界がある．

〔練習問題1の解答と解説〕────────

1. **What is certain is that nothing is certain.**
   The only thing that is certain is uncertainty.
   色々「確かそうなこと」を論じてからなら1列目がよい．
2. **What is important to human beings is how we can coexist with other creatures.**
   It is how we can coexist with other creatures that is important to human beings.
   「いかに他の生物と共存するかである」には，「～共存するかということである」と「こと」を入れることができるが，英語では"that how"という結び付きは許されない（文法：関接疑問文）．2列目はいわゆる強調構文であるが（文法：It is ～ that…の強意構文），1列目の"what"が"it+that"に分解され関係詞節となって後ろに置かれた形である．
3. **What he did was certainly too much, but we have to evaluate his efforts highly.**

第7章　文の体言化──二つの「こと」　87

4. **We should not forget that the earth is not ours alone.**
   「忘れる」の主語は「私達」.
5. **What I want to say is that he is not a man influenced by money.**
   "a man who will be influenced ～" としてもよいが, p.p. で十分.
6. **That he is a sexist is what you should know.**
   You should know that he is a sexist.

　二つの「こと」を考えてきたが,両者ともしばしば準体詞「の」に置き変えられることがある.「確かなのは」,「大切なのは」,「私達だけのものでないのを」等々. 準体詞「の」は,
　　もっと大きいのをください.
のように語られているものが明白であれば, いかなる名詞の代わりにも使えるから,
　　この本は君が昨日言っていたのと違いますね.
という文を英訳する場合,
　　This book is different from what you mentioned yesterday.
としてしまうと,「昨日言っていたの」は「本」ではないことになる恐れがある. その場合は,「の」が「本」の意であることを確認して,
　　This is different from the book you mentioned yesterday.
とした方がよい.
　「の」はあらゆる体言の代わりをなしうるから,「の」が「こと」であるのか「ところ」であるのか不確かであることがあるが, 次の例を比較して見よう.
　　二人が論争しているの（こと）を聞いた ……①
　　二人が論争しているの（ところ）を聞いた ……②
①は明らかに「伝聞」であって, 噂話か何かでその情報を手に入れているの意である. ②は「知覚」であって,「私」の体験を語っている. 英語では "hear" が「伝聞」であれば that 節を目的語に,「知覚」であればS+V+O+Cの文型を使うことになる.
　　I hear that they were quarreling. ……①

I heard them quarreling. ……②

---- **練習問題2** ----

準体詞「の」が「ところ」であることを確認して，S+V+O+C の文型で英訳せよ．
1. 彼女が通りを横切るのを見た．
2. 老人が鳩に餌をやっているのを見た．
3. 街を歩いていると，彼の名前が呼ばれるのを聞いた．

〔練習問題2の解答と解説〕────────────

1. **I saw her cross the street.**
   OとCの間には「主語─述語」の関係がある．今Cが（原形）不定詞であるのは「横切る」という動作の一部始終をさしているからである（文法：原形不定詞；知覚動詞とともに）．
2. **I saw an old man feeding pigeons.**
   CがV-iingであることは上記の「文法：知覚動詞」を参照．
3. **When I was walking downtown, I heard his name called.**
   「文法：過去分詞の補語（的）用法」を参照せよ．

実戦問題
1. 自分のやりたいことに精一ぱい打ちこむことが私の唯一の健康法である．（北海道大）
2. 私が言っておきたい最も大切なことは，この本に書かれていることをあまり字句通りにとってはならない，ということです．（新潟大）
3. 少年が子犬ととても楽しそうに遊んでいるのを見ると，わたしは自分の子供のころを思い出す．（東北大）
4. 地球という惑星で暮らし続けたいのなら，地球の資源を大切にしなければならないことを，人々はようやく理解しはじめている．（都

立大, 現・首都大)
5. 科学の歴史は, われわれの確実と信じたことが不確かなものであったことを教えてくれる. 人間の知識は, いずれも比較的に確かであったり, 不確かであったりするだけだ. そしてその点の正直な自覚が, 科学というものの特色だと言ってよい.（佐賀大）
6. 何によらず, これまでにできないと思っていたことが何かの拍子に突然できるようになったり, これまでよくわからずにもやもやしていたものが突然理解できたりするのは人生における大いなる喜びのひとつだと思う. そういう時はあたかも不透明なヴェールが一枚すっとはがれたような気がするものである.（京都大）
7. 自分の家をよく知るためには, 家の外からそれを眺めてみることが必要である. これは外国へ行ってみてはじめて, 日本のことがよく解るようなものである. 誰しも幼い頃に親類に遊びに行き, 自分の家では当然と思われていることが, 実は他の家ではそうではないことを知って驚いた思い出をもっていることであろう.（東京大）

考え方

1. 自分のやりたいことに精一ぱい打ちこむことが私の唯一の健康法である.
   * 「～ことが私の唯一の健康法である」「唯一」であるのだから主語と述語を入れ替えることができる（本書第1章）. 和文も「私の唯一の健康法は～ことである」の方が自然.『主題→未知の情報』という流れに沿っているから.
   * 「健康法」 該当する英語の単語はない. "the way to keep fit" と説明訳.
   * 「私の唯一の」 "the best way for me/the only way I find".
   * 「自分のやりたいことに」「自分はある事をやりたいがその事に」

"what I want to do"．「どんなことでも」というつもりなら"whatever
　　　〜"．
　＊「精一ぱい打ちこむこと」 that 節で書くと時制に悩む．過去・現在・
　　　未来に渡る事柄であるから，to-V で，"throw all my energy into/
　　　concentrate on"．

2. 私が言っておきたい最も大切なことは，この本に書かれていること
をあまり字句通りにとってはならない，ということです．
　＊「私が言っておきたい」「〜ておく」は「将来にそなえて」．この場
　　　合は「本を読み始める前に」の意であるが，そんな精妙な表現は英語
　　　にない．"I want to say"．
　＊「最も大切なことは」"the most important thing"．「こと」を what
　　　節で表したければ"what I want to emphasize most of all"．
　＊「この本に書かれていること」"what is written in this book"であ
　　　るが，表紙だけで中は白紙のものは「本」と呼ばないのだから，単に
　　　「この本」でもよい．
　＊「あまり字句通りに」"(too) literally"．「事実として」"as fact"もよい．
　＊「とってはならない」 節にするなら主語を考えて"you should not
　　　take 〜"．
　＊「ということです」「こと」が純粋の形式名詞である場合，体言化さ
　　　れる文とのあいだに「という」を挿入してやれる（練習問題 1 を使っ
　　　て確認せよ）．that 節が長すぎると思えば，to-V で工夫せよ．

3. 少年が子犬ととても楽しそうに遊んでいるのを見ると，わたしは自
分の子供のころを思い出す．
　＊「〜のを見ると」「の」が「こと」ではなく「ところ」であることを
　　　確認して，"S+V+O+C"で．
　＊「〜と」 全体の時制を決める．「その度に」と現在形で書くなら
　　　"whenever"．過去のある場面を切りとったものであれば"when 〜"．
　＊「少年が子犬ととても楽しそうに遊んでいる」 O が"a (little)

boy", 但し過去なら "the boy". C は「〜ている」であるから V-ing
　　を使って "playing happily (having fun) with a puppy".
* 「私は〜思い出す」"I remember (ed) /I recall (ed)".
* 「自分の子供のころ」"my childhood days/the days when I was a child".

4. 地球という惑星で暮らし続けたいのなら，地球の資源を大切にしなければならないことを，人々はようやく理解しはじめている．

* 「地球〜なら，〜ことを」全体を「こと」がまとめている．"that, if 〜，〜".
* 「地球という惑星」"this planet called Earth". "this planet/the earth" と一語だけでも可．
* 「暮らし続けたい」"want to continue to live on 〜". "keep V-ing" もよい．
* 「地球の資源を大切にしなければならない」"they have to preserve (take better care of) her (its) resources". 地球はギリシャ神話ではガイア (Gaea) という女神に守られているので女性名詞として扱われることが多い．「資源を浪費してはならない」"they should not waste (consume) her resources" もよい．
* 「人々はようやく理解しはじめている」"people are just beginning to understand (realize) that 〜".

5. 科学の歴史は，われわれの確実と信じたことが不確かなものであったことを教えてくれる．

* 「科学の歴史は〜教えてくれる」「他動詞の主語は（大形）動物に限る」というきまりが日本語にあると言われる．その意味ではこの文は翻訳調．"the history of science tells us that 〜". "teach" は「学問を教える」だが可．
* 「われわれの確実と信じたこと」「信じた」が「信じている」の縮約形であるか否かは微妙だが（第4章実戦問題7），一応時間的な差を

表すため過去形で."we believed things to be certain" の "things" を先頭に立て "what (things) we believed to be certain".
* 「不確かなものであったこと」 that 節の中の主語は上の what 節. 述語は "were uncertain". しかし,たとえば昔は宇宙には時間的な始まりも終わりもないと信じていた (believed) がビックバン仮説が有力な現在それは不確かである (are) と考えた方がよい.

<mark>人間の知識は,いずれも比較的に確かであったり,不確かであったりするだけだ.</mark>
* 「人間の知識は,いずれも」 "all human knowledge". "knowledge" は不可算.
* 「比較的にたしかであったり,不確かであったりするだけだ」 "is merely comparably (relatively) certain or uncertain".

<mark>そしてその点の正直な自覚が,科学というものの特色だと言ってよい.</mark>
* 「その点の正直な自覚が」 "an open (honest/genuine/sincere) recognition of this fact".
* 「科学というものの」 "what is called science" というまわりくどい言い方をしてもあまり意味がない.「というもの」を冗語とみなす.
* 「特色だ」 "the special characteristic of science/the characteristic peculiar to science".「～自覚が～特色だ」をそのまま「主―述」にしてもよいが,『主題→未知の情報』を考えて「～特色は～自覚だ」とするのもよい.
* 「言ってよい」 "we may say/it can be said that".

6. <mark>何によらず,これまでにできないと思っていたことが何かの拍子に突然できるようになったり,これまでよくわからずにもやもやしていたものが突然理解できたりするのは人生における大いなる喜びのひとつだと思う.</mark>
* 「～のは～喜びのひとつだ」 息の長い文であるから,大きな「主―述」関係をどうするかを決めてから各部分にとりかかる."it is a pleasure to-V" か "a pleasure is to-V/V-ing/ 名詞".

第7章 文の体言化――二つの「こと」 93

* 「何によらず」"whatever (no matter what) it is" であるが，どこに置くかが問題．「〜こと」に対する譲歩表現だから ", 〜 ," という形で工夫せよ．
* 「これまでにできないと思っていたこと」 主語を "we/you/one" のいずれかに決める．"we have thought we can never possibly do something" か "we have thought it impossible to do something" か "we have thought something impossible to do" の "something" を先頭に出して残りを関係詞節にする．"something which" を "what" にしてしまうと上の "whatever 〜" の節の場所がなくなるので避ける．
* 「何かの拍子に」「偶然に」"by (some) chance"．「わけ分らずに」"for some inexplicable reason"．
* 「突然」"suddenly/all of a sudden/unexpectedly"．
* 「できるようになったり」「突然」であるのだから変化の過程はない．「自分が出来るのに気づく」と考えて "find ourselves able to do/discover that we are able to do"．目的語が上の "something"．
* 「これまでよくわからずにもやもやしていたもの」"what (something that) has seemed obscure and incomprehensible (impossible to understand/impenetrable)" とする．
* 「突然理解できたりする」 上の "able to" に続くものを考えれば「突然」と「できる」を繰返さなくてよい．「理解する」"to understand/comprehend"．
* 「人生における大いなる喜びのひとつ」"one of life's greatest pleasures (joys/delights)"．"in life" は「生前は」の意で使うことが多いが可．
* 「と思う」"I think (believe/suppose) (that) 〜"．

そういう時はあたかも不透明なヴェールが一枚すっとはがれたような気がするものである．

* 「そういう時は」"at such a moment"．
* 「あたかも〜ような気がする」"it seems as if 〜 /we feel as though

〜".

"as if (though)"の節の中は仮定法（文法：as if 節）で書くというあまり守られていない規則がある．一応尊重しよう．
* 「不透明なヴェールが一枚」"an opaque veil"ではない．"opaque"は「光を通さない」ほど不透明なことであるから，そんなものをして街を歩けば危険である．"a dark veil"．ヴェールは本来半透明なものだから単に"a veil"も可．
* 「すっとはがれた」「はがれてしまった」の感じをだすため完了形で．
　"be removed"でよいが，「一瞬に」の感じは"be peeled off/torn off/ripped away"．

7. 自分の家をよく知るためには，家の外からそれを眺めてみることが必要である．
* 「自分の家をよく知るためには」"in order to understand your home better"．"know"は「知っている」という状態であって，「知る」という動作を表わせない．「家」は「家屋」ではなく「家庭」．
* 「家の外からそれを眺めてみる」"look at it from outside"．"see/look at/watch"の違いを英和辞典で確かめよ．
* 「ことが必要である」左側で"it is necessary to-V/it is necessary that 仮定法現在"．述語で"you should/have to/must"．

これは外国へ行ってみてはじめて，日本のことがよく解るようなものである．
* 「これは〜ようなものである」"this (it) is similar (comparable) to"
* 「外国へ行ってみてはじめて」「外国へ行った後にだけ」"only after you have traveled abroad/only after going (traveling) abroad"．
* 「日本のことがよく解る」"you understand Japan better"であるが，これでは"similar to"に続かない．「と言う場合に似ている」"similar to saying that"と工夫する．または，"similar to understanding Japan 〜"．

誰しも幼い頃に親類に遊びに行り，自分の家では当然と思われていることが，実は他の家ではそうでないことを知って驚いた思い出をもっていることであろう．

* 「誰しも～ことであろう」 かなり確信ある推量なので"I am sure/ undoubtedly".
* 「誰しも～思い出をもっている」"anyone has the remembrance that ～"は間違いとは言えない（本書第8章）が余り見掛けない形.素直に"anyone (everyone) can remember (recall)". 目的語は that 節か V-ing（文法：不定詞目的語と動名詞目的語）．"～ can recall an experience in which ～"もよい.
* 「～知って驚いた」"be surprised（amazed/astonished）to find (that)".
* 「幼い頃に」 when 節にするとそれがさらに when 節に含まれるという複雑な構文になってしまう．"as a child/in one's childhood".
* 「親類に遊びに行き」"when one visited relatives (a relative)".「遊びに」は「用事ではなく」で冗語．"find, ～, that"という形なのでなるべく簡略にして，"when visiting ～ /upon (on) visiting ～".
* 「自分の家では当然と思われていること」 過去形で．"what was (certain things that were) taken for granted in one's own home".
* 「実は他の家ではそうではない」 主語の単複に注意して，"was (ware) not really so in the relative's (other's)".

作 例

1.

(1) The only way for me to keep fit is to throw all my energy into what I want to do.

(2) The best way I find to keep fit is to concentrate on whatever I want to do.

2.
 (1) What I want to emphasize most of all is that you should not take what is written in this book literally.
 (2) The most important thing I want to say about this book is not to take it as fact.

3.
 (1) Whenever I see a little boy playing with a puppy, I remember my childhood days.
 (2) When I saw the little boy having fun with his puppy, I recalled the days when I was a child.

4.
 (1) People are just beginning to understand that, if they want to continue to live on this planet called Earth, they have to take better care of her resources.
 (2) People are just starting to realize that, if they want to keep living on the earth, they should not waste its resources.
 (2') People are just starting to realize they should not waste the earth's resources if they want to continue living on this planet.

5.
- (1) The history of science tells us that what we believed to be certain are uncertain. All human knowledge is merely comparatively certain or uncertain. And we may say that an honest recognition of this fact is the special characteris-tic of science.
- (2) Scientific history teaches us that things we believed to be certain are uncertain. All human knowledge is either relatively certain or uncertain. And it can be said that the characteristic peculiar to science is an open recognition of this fact.

6.
- (1) I think it is one of life's greatest pleasures to find ourselves, for some inexplicable reason, suddenly able to do something, whatever it is, which we have thought we can never possibly do or to understand what has seemed obscure and impossible to understand. At such a moment, it seems as if a dark veil had been peeled away.
- (2) I believe one of life's greatest joys is the sudden discovery by chance that you can do something, no matter what it is, that you have thought impossible to do or to comprehend something that has seemed obscure and impenetrable. At such a moment, you feel as if a veil had been torn off.

7.

(1) In order to understand your home better, it is necessary to look at it from outside. It is similar to saying that you understand Japan better only after you have traveled abroad. I am sure anyone can remember being surprised to find, when visiting a relative as a child, that what was taken for granted in one's own home was not really so in the relative's.

(2) In order to understand your home better, you should look at it from outside. This is comparable to understanding Japan better only after going abroad. Undoubtedly anyone can recall an experience in which, upon visiting a relative in one's childhood, one was surprised to find certain things that were taken for granted in one's own home were not so in others'.

(2') In order to understand your own home better, it helps to look at it from another angle. This is similar to understanding Japan better only after going abroad. Undoubtedly anyone can recall the childhood experience of visiting a relative and being surprised to find certain things that were taken for granted in one's own home were not so in others'.

第8章　連体修飾節

　　<u>彼が昨日してくれた</u>話は面白かった．……①
　　<u>彼が昨日スキーで転んだ</u>話は面白かった．……②

　二つの文の夫々の下線部が連体修飾節と呼ばれ，日本語の文法では基本的に区別を立てる必要はない．しかし前章の『二つの「こと」』を正確に理解した人は①と②の間に何らかの違いを感じ取ったかもしれない．
　①の下線部と被修飾語「話」との関係は，「彼が昨日ある話をしてくれたが，その話は面白かった」と分析して見れば明らかであろう．つまり「話」は「してくれた」の目的語として文に戻してやることが出来る．このように連体修飾節と被修飾語から文を復元できるタイプを仮に「関係詞型」と名付けておく．
　②の下線部と被修飾語「話」の間には上のような関係は全くない．せいぜい，「彼が昨日スキーで転んだ<u>という話</u>」と言葉を加えてやれるぐらいである．このように連体修飾節がそれ自体で完結した文であって，非修飾語をその文の中に取り入れることはできないタイプを「同格型」と呼ぶことにする．関係詞型と同格型の区別は，比較的容易なことと思われるので，以下別々に論ずる．
　関係詞型の連体修飾節を英訳する場合，❶関係詞節を使う，❷ to-V, V-ing, p.p. を使う（文法：不定詞；形容詞用法／現在分詞の基本的用法／過去分詞の基本的用法），❸形容詞または形容詞句（前置詞＋名詞）を使う，の3通りが考えられるが，基本的にはすべて関係詞節で表わせるのであって，後は思考の経済の問題として❷か❸で表現できるか否かが問われる．以下例を並べる．

　　　彼は我々を裏切るような男ではない．
　　He is not a man who would betray us / to betray us.
　　　彼は扶養家族が多い．
　　He has a large family that he must support/ to support.

甥はすみに座っているあの子です．
　My nephew is the boy (who is) sitting in the corner.
　　　彼が提案した計画を承認した．
　We approved the plan (which was) proposed by him.
　　　梅の花で有名な公園を見に行った．
　We visited the park (which is) famous for its plum blossoms.
　　　東京には東北出身の人がたくさんいる．
　Tokyo has a lot of people (who come) from the Tohoku region.
　勿論，❷や❸で表すことはできない場合が沢山あるのであって，関係詞が英語に存在する必然性ははっきりと認識しておかなければならない．❷の内，どれを使うかは結局，to-V が未完了の相を，V-ing が継続の相を，p.p. が受身と完了の相を表すことに帰着する．

──────── 練習問題 1 ────────

　次の連体修飾節の部分が関係詞型であることを先ず確認し，関係詞節を使うとともに上記の❷または❸が可能か否かも考え，英訳せよ．
1. その本が届いたかと問い合わせる手紙が彼から来た．
2. 壁に掛かっているあの絵は結婚のお祝いです．
3. 今御覧になっているバラはみな 2 年前に植えたものです．
4. 窓の壊れているあの家は空家です．
5. あそこが彼の働いている会社です．

　V-ing や p.p. が名詞を修飾する場合は，明らかに日本語の関係詞型に対応しているのだが，to-V の場合は同格型もあるし，さらには次のようにどちらとも言いがたいものもある．
　英語を覚える最良の方法　　　the best way to learn English
　もう一度試してみる時間　　　time to try again
　信じるに足る十分な理由　　　good reason to believe
　眠る場所　　　　　　　　　　a place to sleep

第 8 章　連体修飾節　　*101*

これらは"when 〜/where 〜"等の節に書き変えられるから関係詞型の亜型として関係副詞型という整理をするのがよいと思う．

〔練習問題1の解答と解説〕

1. ① He sent me a letter which asked if the book had reached me.
   ② He sent me a letter asking if I had received the book.
   関係詞をつかうなら"in which he asked whether 〜"としてもよい．
   ②では〜ing形であるのに，①で"which was asking"とならないのは「問い合わせる」のは一回限りであって，「繰返し，継続的に問い合わせる」とは考えられないからである．一般に状態動詞（文法：状態動詞と動作動詞）の〜ing形が名詞を修飾している場合は，それを関係詞節に書き変えると"be V-ing"は使えず現在形で書かねばならない．
2. The painting (which/that is) on the wall was a wedding present.
3. The roses (that) you have been looking at were all planted two years ago.
   ?The roses at which you have been looking were all planted two years ago.
   関係詞が前置詞の目的語の場合に関しては「文法；関係代名詞と前置詞」参照．
4. The house whose windows are broken is unoccupied.
   The house the windows of which are broken is unoccupied.
   The house with the broken windows is unoccupied.
   3番目が一番よい．関係詞"whose"に関しては「文法：Who（–whose–whom）」参照．
5. That is the office in which he works/ he works in/ where he works.
   「文法：関係副詞；where」参照．

さて「同格型」の話に移ろう．同格型の日本語の連体修飾節を英訳する際の厄介な問題として，例えば「男が恋人を殺す芝居」を× "a play that a man kills his love" としてはならないことがある．日本語では連体修飾節の非修飾語に特に制限はないが，英語では同格名詞節（that 節）を取り得る名詞は限られている．「文法：同格名詞節」を参照せよ．さらに思考の経済として that 節の代わりに❶ to-V を使う，❷前置詞 +V-ing を使うが考えられるが，その際❶も❷も可能なものもあれば，どちらかだけという場合もある．具体例を示そう．

我がチームが負ける可能性	the possibility that our team will be defeated
	the possibility of our team being defeated
夫を亡くすという恐れ	the fear that she may lose her husband
	the fear of losing her husband
新しい学校を建設する提案	the proposal that we build a new school
	the proposal for building a new school
九州へ連れて行く約束	your promise that you will take me to Kyushu
	your promise of taking me to Kyushu
	your promise to take me to Kyushu

to-V か V-ing かを決めるのは，to-V が未完了の相を表すのにたいして，V-ing は継続や無時間の相を表すことに帰着する．that 節は不可で，to-V が日本語の同格型に対応する．"willingness/readiness/refusal/tendency/ambition" 等の名詞が「これから先のこと」を意味として持っていることは理解できよう．更に，that 節は不可だが，to-V もしくは「前置詞 +V-ing」で修飾される "opportunity (of) /attempt (at)

/need（of, for）/hesitation（in）"等の場合も to-V か V-ing かで微妙な意味上の違いがありそうである．

———— 練習問題２ ————

連体修飾節が同格型であることを確認し英訳せよ．必要なら**英和辞典**を参照せよ．
1. 日本人が外国人と出会う機会が著しく増えている．
2. 彼等がうまくやれる可能性は少ない．
3. 画家になりたいという彼女の熱意にどう対処したらよいのか分らなかった．
4. ジミーがジャムを食べていたというまぎれもない証拠があった．
5. 彼女には二つのことを同時にする能力がない．
6. 彼がいつ来るのかという知らせはこれまでのところない．

実は，「（強姦事件で）女の方から先に求めたという弁論」を "a she-asked-for-it defence" と訳したり，「死が二人を分かつまでという主張」を "a till-death-do-us-part proposition" とするなど，ハイフンを使った日本語の語順とよく似た言い方が英語にもある．ハイフンはある意味で英語の文法の破壊者であるが，今後日本語の影響力が強まるにつれて多く使われるようになるであろう．

〔練習問題２の解答と解説〕————

1. **Japanese have more and more chances (opportunities) of meeting foreigners.**
   または，"chances to meet 〜"．英和辞書を見ると "chances that 〜" もあげてあるが，それは「見込み，公算」の意味の時．
2. **There is little possibility that they will succeed.**
   または "possibility of their (them) succeediug"．
3. **I did not know how to deal with her eagerness to be a artist.**

または，"eagerness that she would be a artist".
4. **There was unmistakable evidence that Jimmy had been eating the jam.**
または，"evidence of Jimmy having eaten the jam".
5. **She does not have the ability to do two different things at the same time.**
または，She cannot do two different things at a time.
6. **There has been no news about when he will arrive.**
同格節が that 節ではなく，wh-節の場合，名詞と wh-節の間に前置詞が要る（但し省略する場合もある）．一般に that 節は前置詞の目的語とならず（例外あり，文法：従属接続詞 that），前置詞が消えると言えるが，wh-節の場合は英語の文法にゆらぎがあると思われる．

実戦問題

1. オリンピックの花とたたえられているマラソンは，古代ギリシャの故事にちなんで始められた．（同志社大）
2. 技術の進歩が次々と新しい欲望をつくりだす社会において，個人の自由を野放しにすれば，技術に人間が振り回される．（横浜市大）
3. 自分の心は自分の思うとおりになる．そう信じ込んでいる人が意外に多い．しかしひとたび病気になると，自分の肉体も自分の思うとおりにならない法則によって支配されていることに気がつくのである．（広島大）
4. 他人から愛情をたっぷりそそがれて，愛されるとはどういうことか体験した人たちだけが今度は他人を愛することができる．自分が経験しなかった感情を，他人に伝えるのは難しい．（徳島大）
5. 英語の学習に関して気がかりなのは，最近「実用性」を強調する人が増え，外国語を勉強するのは人間にとって何を意味するのかという根本的な問題が，置き去りにされていることだ．（横浜市大）
6. 対話が大事だと説く人は多いが，ただおしゃべりをしていれば対話になると思っているのなら，とんでもない見当違いである．対

話には状況を把握する劇的感覚が必要である．それを欠いた人間同士がむずかしい問題でやり合えば，たちまち争いになる．（京都大）
7. この夏，わたしは友人達と共に琵琶湖一周の旅をした．琵琶湖とその周りの山々の景色はとても美しかった．ところが，湖岸にたくさんの空かんやゴミが散乱しているのには驚かされた．琵琶湖の汚染が叫ばれる昨今であるが，公共の場に平気でゴミを残していく人間の心の汚染の方がよほど深刻だと思う．（滋賀大）

考え方

1. オリンピックの花とたたえられているマラソンは，古代ギリシャの故事にちなんで始められた．

* 「オリンピックの花」"the flower of the Olympic Games" で意味が通じるか否か微妙．「詩の本質」"the flower of poetry" という言い方はあるが，「最も見栄えのする」という喩えには "the centerpiece/crown jewel" を使う（本書第12章）．

* 「～とたたえられている」 現在形もよいが「たたえられてきた」と考えて "has been praised as ～".

* 「～ているマラソン」"the marathon which ～" としてはならない．「10キロの校内マラソン」というような場合を除き，陸上競技のマラソンに種類がいくつかあるわけではない．連体修飾語が被修飾語の種類わけをしている場合を「制限的」，していない場合を「非制限的」と呼ぶ．「金持ちの日本人」"rich Japanese" が「日本人のうちの金持ちの人」（制限的）であるのか「日本人は一般に金持ちだがその日本人」（非制限的）であるのかは文脈が決めるのは日本語・英語とも同じ．しかし英語の書き言葉では形容詞節の場合 "，" の有無で両者を区別する（文法：関係詞の非制限的用法）．「コーヒー無しには生きられない人間」"people who can not live without coffee" と「もの

を食べずには生きられない人間」"people, who can not live without eating," の違いである．
* 「古代ギリシャの故事」"the historical fact (event) of (in) ancient Greece"
* 「～にちなんで始められた」「マラソンは～に起源をもつ」"the mara-thon originates (～ed) in ～".「マラソンの起源を古代ギリシャにまでたどれる」"we can trace the origin of the marathon to ～".

2. 技術の進歩が次々と新しい欲望をつくりだす社会において，個人の自由を野放しにすれば，技術に人間が振り回される．
* 「技術の進歩が」"the progress (development) of technology".
* 「次々と」"one after another/without pause".
* 「新しい欲望をつくりだす」"give rise to new desires".「欲望」を悪いものと考えて"give rise to"．"create/produce"も可．
* 「社会において」"in a society".「技術～だす」は完全な文であるが，「という」を「社会」との間に挿入することは出来ないから，同格名詞節ではないと見破って，"where/in which"で結ぶ．
* 「個人の自由」「思想の自由・言論の自由」等に制限を加えよと主張しているのではない．「自由」の古義「放縦」の意である．英語の"freedom of the individual"にも"license"の意がある．
* 「野放しにすれば」 if 節で，"leave freedom unristrcted"を受身にする．その際，"entirely"と副詞を補えば上の「放縦」の語感がでる．
* 「技術に人間が振り回される」「技術に服従していると思うだろう」"human beings will find themselves the subjects of technology".
あるいは「～のなすがまま」"be at the mercy of ～"を使う．

3. 自分の心は自分の思うとおりになる．そう信じ込んでいる人が意外に多い．
* 「自分の心は自分の思うとおりになる」"have control (command) over one's own mind".

* 「そう信じ込んでいる」 "assume/suppose/falsely（mistakenly）believe that".
* 「人が意外に多い」 "Unexpectedly many people/There are unexpectedly many people who 〜".

しかしひとたび病気になると，自分の肉体も自分の思うとおりにならない法則によって支配されていることに気がつくのである．

* 「しかしひとたび病気になると」 "But once（when）they get sick（ill）/fall ill/become sick/are taken ill". "once" は接続詞.
* 「〜ならない法則」 この連体修飾節が関係詞型であり，「エントロピーが増大する方向に物事は変化する法則」のような同格型と区別しなければならない．
* 「自分の肉体も」「身体的にも」 "physically, too".
* 「（法則が）自分の思うとうりにならない」 "they have no control over the principle（law）/the principle escapes（is outside of）their control".
* 「〜によって支配されている」 "they are governed by 〜".
* 「〜ことに気がつく」 "they realize/find".

4. 他人から愛情をたっぷりそそがれて，愛されるとはどういうことか体験した人たちだけが今度は他人を愛することができる．
   * 「〜人たちだけが」 "Only those who 〜".
   * 「他人から愛情をたっぷりそそがれて」 "through receiving the abundant affection（love）of another".
   * 「愛されるとはどういうことか」「愛とは何か」 "what love is like".
   * 「体験した」「〜ことがある」 "have personally experienced".
   * 「今度は」 "in（their）turn/in return".
   * 「他人を愛することができる」 "can love others".

自分が経験しなかった感情を，他人に伝えるのはむずかしい．

   * 「〜感情」「他人のおせっかいが疎ましくなる感情」（同格型）と区別できたと思う． "emotions/feelings".

* 「自分が（それを）経験しなかった」 "one (the person himself) has never experienced (enjoyed/received)".
   * 「他人に伝えるのはむずかしい」 "it is difficult (hard) to convey".

5. 英語の学習に関して気がかりなのは，最近「実用性」を強調する人が増え，外国語を勉強するのは人間にとって何を意味するのかという根本的な問題が，置き去りにされていることだ．
   * 「英語の学習に関して」 "about (concerning) the study of English".
   * 「気がかりなのは」 「の」は「事」．「ある事が気掛かりだがその事は」 "what worries me". "what I am worried about" とすると上の "about" と二つ並ぶがしかたがない．「気掛かりな傾向」 "the tendency which ～" も可．
   * 「～いることだ」 "What ～ is that ～" という構文になる．
   * 「最近『実用性』を強調する人が増え」 "people who ～ have increased in number/the number of people who ～ has increased" はもちろん正しいが，that 節の中なので簡略な表現を．"an increasing number of people emphasize usefulness (practicality)". 主語はもっと簡単に "people today" でもよいと思う．
   * 「～という根本的な問題」 同格型であるが，wh- 節．"of" がある方がよい．"the fundamental question (problem) of what ～".
   * 「外国語を勉強するのは」 不定詞で．"to study a foreign language".
   * 「人間にとって何を意味するのか」 "what it means to a person".
   * 「置き去りにされている」 "forget about/ignore".

6. 対話が大事だと説く人は多いが，ただおしゃべりをしていれば対話になると思っているのなら，とんでもない見当違いである．
   * 「対話が大事だと説く」 "argue (tell us) that dialogue (communication/conversation) is important/speak of the importance of dia-

logue".
* 「人は多い」 "A lot of people tell ～/There are many people who ～".
* 「～いれば～のなら」 if 節のなかに if 節があるという複雑な形は避ける.「おしゃべりが対話になると思うなら」.
* 「ただ（の）おしゃべり」 "mere chattering/chatting/flow of words/small talk/gabbing/prattling".
* 「対話になると思っているのなら」 "if they regard (think of) ～ as dialogue" 上の点と合わせて，"if they assume that communication is nothing more than speaking (talking/an exchange of words)" もよい．
* 「とんでもない見当違いである」 "they will be making a fatal (terrible) mistake".「文法：推量の will ／感情的色彩の進行形」を参照．"they are completely beside (off/away from) the point (mark)" もよい.

<u>対話には状況を把握する劇的感覚が必要である．</u>

* 「対話には～が必要である」 お喋りとは区別された本当の対話．"true communication requires (necessitates) ～ /in oder to carry on genuine dialogue, it is necessary to have ～".
* 「状況を把握する（劇的）感覚」 日本語はもちろん同格型．主語・時制なしだから "a sense of grasping the situation".「感覚が～把握する」と日本語では言えないが，英語では可能（文法：無生物主語）．つまり関係詞型ととることもできる．"a sense which grasps the situation" も可．
* 「劇的」「劇的な生涯を送った」という「劇的」"dramatic" ではない．二人の話し合いを一篇の対話劇に仕上げていく演出家的感覚が必要だと述べているのだ．英語は "dramatic" より "theatrical"．思切って "a director's attitude to-V" も可．

<u>それを欠いた人間同士がむずかしい問題でやり合えば，たちまち争いになる．</u>

* 「それを欠いた人間同士が」「対話」であるから,「人間同士」は「二人」."two people lacking (who lack/without) such a sense".
* 「むずかしい問題でやりあえば」"discuss (talk over) a difficult (complicated) problem".
* 「たちまち争いになる」"argument/dispute"では"discussion"との違いが少ないので"they will soon start quarelling".

7. この夏,わたしは友人達と共に琵琶湖一周の旅をした.
   * 「この夏」"this summer/last summer/this past summer". 普通は文末に.
   * 「わたしは友人達と共に〜した」"I 〜 with friends".
   * 「琵琶湖一周の旅をした」"I traveled around Lake Biwa".
   琵琶湖とその周りの山々の景色はとても美しかった.
   * 「琵琶湖とその周りの山々の景色」「景色」"scene/view/landscape"はそれぞれある場所からの眺めで不適当."scenery"(scenesの集合体)では,"the scenery of Siga Prefecture"ならばいい.結局,「景色」を冗語と見なせば簡単.
   * 「とても美しかった」"were"とすると「今はもうそうではない」という語感があるかもしれない."I found O C"の形で.
   ところが,湖岸にたくさんの空かんやゴミが散乱しているのには驚かされた.
   * 「湖岸に」琵琶湖の話をしているのだから,"the shore"で十分.
   * 「たくさんの空かんやゴミ」"(empty) cans"は可算, "garbage/trash/rubbish"は不可算名詞."so many cans and so much trash"とするか,両者に使える"a lot of"で"a lot of cans and garbage".
   * 「散乱しているのには驚かされた」"I was surprised at"でよいが,「〜ところを見て驚いた」"I was surprised to see".「散乱している」"scattered/lying".
   琵琶湖の汚染が叫ばれる昨今であるが,公共の場に平気でゴミを残していく人間の心の汚染の方がよほど深刻だと思う.

* 「〜叫ばれる昨今」「昨今」"today" に種類はない．つまり非制限的．"when" が接続詞か関係副詞かは問題にせず，"today, when 〜,"．
* 「琵琶湖の汚染が叫ばれる」「叫ぶ」は「非難の悲鳴をあげる」"people are screaming about/raising a ruckus about"．少し弱いが「批判的に語っている」"are critically talking about"．「琵琶湖の汚染」"the pollution of the lake"．
* 「〜汚染の方がよほど深刻だ」"the polluted minds of people who 〜 are more serious problems" という書き方は主語が長すぎる上に主語や補語の単複に迷ってしまう．"I find that a more serious problem lies in 〜"．または，"To me, a more serious problem is 〜" と工夫する．
* 「〜残していく人間」 連体修飾節は「心」でなく「人間」を修飾． "people who"
* 「公共の場にゴミを残していく」 "leave trash in public places"．
* 「平気で」 "carelessly/without concern"．
* 「心の汚染」「琵琶湖の汚染」対「心の汚染」という和文の感じをどうしても出したければ，"the 'polluted' minds of people" と表記の工夫を．普通の英語は，"corrupt (deteriorated/degenerate/spoiled) attitude"．「そのような人間の心理（状態）」と考えて "the psychology of people" もよい．

作 例

1.

(1) The marathon, which has been praised as the centerpiece of the Olympic Games, originated in the historical fact of ancient Greece.

(2) We can trace the origin of the marathon, which has been praised as the crown jewel of the Olympic Games, to a

historical event in ancient Greece.

2.

(1) In a society where the progress of technology gives rise to new desires one after another, if freedom of the individual is left entirely unrestricted, human beings will find themselves the subjects of technology.

(1') In a society where technological progress constantly stimulates new desires, unrestricted freedom of the individual will bring people to the mercy of technology.

(2) In a society in which the development of technology produces new desires without pause, if freedom of the individual is left entirely unrestricted, human beings will be at the mercy of technology.

3.

(1) Unexpectedly many people assume that they have control over their own mind. But once they fall ill, they realize that physically, too, they are governed by the law over which they have no control.

(2) There are unexpectedly many people who mistakenly believe that they have command over their own mind. But when they are taken ill, they find that they are physically, too, governed by a principle which is outside of their control.

(2′) An unimaginable number of people mistakenly believe they control their own minds. When taken ill, however, they discover how physically, too, their bodies are governed by principles outside of their control.

4.

(1) Only those who have experienced what love is like through receiving the abundant affection of another can love the other in their return. It is difficult to convey an emotion that one has never experienced.

(2) It is only those people who have enjoyed love by receiveing a great amount of affection from others that can love others in turn. It is difficult to convey to others what the person himself has never experienced.

5.

(1) What worries me about the study of English is that an increasing number of people emphasize "usefulness" and forget about the fundamental question of what it means to a person to study a foreign language.

(2) What I am worried about concerning the study of English is that people today emphasize "practicality" and ignore the essential problem of what it means to study a foreign language.

(2′) What concerns me about English study these days is the emphasis placed on "practicality", ignoring the more essential problem of what it means to study a foreign language.

6.

(1) A lot of people speak of the importance of dialogue, but if they regard mere chatting as dialogue, they will be making a fatal mistake. True communication requires a theatrical sense of grasping the situation. When two people who lack such a sense talk over a complicated problem they will soon start quarrelling.

(2) There are many people who tell us that dialogue is important, but if they assume that communication is nothing more than an exchange of words, they are completely off the mark. In order to carry on genuine dialogue, it is necessary to have a director's attitude to grasp the situatiion. When two people without such an attitude talk over a difficult problem, they will soon start quarrelling.

7.

(1) I traveled around Lake Biwa with friends this summer. I found the lake and the surrounding mountains very lovely. However, I was surprised to see a lot of cans and garbage scattered about on the shore. Today, when people are

screaming about the pollution of the lake, I find that a more serious problem lies in the corrupt attitude of people who, without concern, leave trash in public places.

(2) I traveled with friends around Lake Biwa this past summer. I found the lake and the surrounding mountains were very beautiful. But I was surprised to see so many cans and so much trash lying about the shore. Today, when people are raising a ruckus about the pollution of the lake, to me, a more serious problem is the psychology of people who carelessly leave rubbish in public places.

第Ⅱ部　文脈を考える

第9章 「名詞」の「名詞」

「女子大生の研究」という名詞と名詞の結び付を見て，どんな関係を想定できるだろうか．例文をあげてみる．

若いサラリーマンの間で『女子大生の研究』という本が売れている．　……①
女子大生の研究の中には一流の学者も顔負けのものがある．……②
昨日私の職場に女子大生の研究(すずみ)が訪ねてきた．　……③

それぞれの背後に，①「誰かが女子大生を研究する」，②「女子大生が何かを研究する」，③「その女子大生は研究(すずみ)だ」という文が隠されているのだなどと，したり顔で説明してみても何も始まらない．「女子大生の研究」がある文脈の中で使われた時，逆にそのような文を想定することができるにすぎない．

「子供の教育」が一義的に「誰かが子供を教育する」の意だと主張するならば，それは「子供は教育されるものだ」という固定観念を表明しているだけである．

'70年以前に生れた人達の感性が時代の変化についていけなくなった今，親に対する子供の教育が急務である．

という文脈では「子供の教育」は誰が誰を教育するのかは明白であろう．

─── **練習問題** ───

以下の和文の"名詞の名詞"の形に注意し，できれば"名詞＋前置詞＋名詞"とその部分を節またはそれに準ずるものの二様に英訳せよ．

1. 暑くて眠れない夏の夜に窓をあけはなしておくと，そこから夜の都会のざわめきが入ってくる．（お茶の水女大）
2. 四季を通じて人々は登山を楽しんでいるが，やはり夏が登山の絶好の季節だと思う（中央大）
3. あの「シルクロード」の番組をテレビで見て，自然との調和の中に生

きる人びとの暮らしぶりに感心した．（明治学院大）
4. テレビはわれわれに欠くことのできない娯楽と情報を与えてくれる．それだけに，最近の番組の質の低下は重大な問題である．（熊本大）
5. 芸術の価値と科学の価値は，万人の利益への私欲のない奉仕にある．（愛知教育大）

　「自然との調和」や「万人の利益への奉仕」のように，「の」の前に他の格助詞が入ってくることはあるが，日本語で名詞が名詞を修飾する場合は必ず「の」を使う．英語では属格（所有格）や前置詞 "of" がほぼ「の」に相当している．"father's book" は，「父の本」が「父の（所有する・書いた・ことを書いた）本」を意味できるのと同じく種々の意味が可能であり，どの意味であるかは文脈が決定する（文法：所有格／同格／前置詞 of）．
　但し，日本語のように，必ず「の」がなければならないという規則はなくて "harmony with nature" や "service to the interests of all" のように "of" 以外の前置詞が名詞と名詞を結ぶことがよくある．これは動詞・形容詞と語源的に一致する名詞（文法：名詞構文／Noun Pattern）によく見られることであるから，その名詞が仮に動詞または形容詞ならばどの前置詞と使うであろうかと考える必要がある．
　これに対して日本語の「の」は，名詞と名詞が何らかの関係を有していれば両者をつないでやることができる．「花子の私」，「彼女の彼」，「東京の学生」，「ウナギのお客さん」，「早稲田の私と慶応の彼女」等を単純に所有格や前置詞 "of" を使って英語に置換えてみれば，ほとんど意味不明の英語になってしまうだろう．その点で，「AはBだ」という構文と「BのA」という句の「A」と「B」の関係には共通性がある（本書第1章）．つまりBがAを含有したり，所有したりしていなくとも，「AはBだ」ないし「BのA」の関係が成立つのであって，その関係がいかなるものであるかを決定するのは文脈である．

第9章　「名詞」の「名詞」　119

〔練習問題の解答と解説〕

1. **On hot, summer nights, when I can't sleep, I leave the window open and from there evening noises of the city come in.**
   「暑くて眠れない」が「夏の夜」を限定しているか否か日本語ではどちらとも考えられるので"when"の前の","のある無しは自由（文法：関係詞；限定用法と非限定用法）。「夏の夜」を"nights in summer"，「夜のざわめき」を"noises in the evening"とするのは他の言葉との関連上長くなりすぎる。"and"以下を"from there come in nocturnal noises of the city"と主語を後に置くと響きが良い（文法：強調のための倒置）。「夜の都会のざわめきが入ってくる」を「夜に街が微かに呟くのが聞こえる」と解して，"and I can hear the city faintly murmuring in the night"とするのもよい。

2. **Though people enjoy mountain-climbing (all) year around, I think summer is the best season for climbing mountains.**
   「四季を通じて」は他に"in all seasons/throughout the seasons"。「やはり」は冗語。「夏が登山の絶好の季節だ」を上のように訳すのはしつこくて，単に，"summer is best"がよいと思う。あるいは，「夏に登りに行くべきだ」と解して，"you should go climbing in summer"。

3. **I saw "The Silk Road" on TV and was impressed by the people's way of life in harmony with nature.**
   「番組」は"on TV"で明白であるから冗語。「～暮らしぶりに感心した」は上の訳でもよいが，「当地の人々がいかに自然と調和して暮らしているかに感心した」と名詞の羅列から事柄を考えて，英語を考えるとより自然な訳になる。
   "~ and was impressed by how people there live harmoniously with nature"。

4. **TV gives us indispensable information and entertainment. Consequently, the deterioration of the quality of current programs is a serious problem.**
   娯楽なしには生きていけない人もあろうが，「欠くことのできない」は

「情報」を修飾すると考えた方が安全．「それだけに」は他に"Because of this/Therefore"「最近の番組の質の低下は重大な問題である」を「最近，番組の質が低下してきたことに憂慮している」と読んで，"I am seriously worried about how low the quality of programs these days has sunk./I am seriously concerned about how low in quality programs these days have become."とした方が自然な英語．

5. **The value of art and that of science are in equal service to the interests of all.**

「芸術の価値と科学の価値」を一つのものと考えて，"The value of art and of science is in 〜"も可．動詞は他に"consist/lie/reside"．「私欲のない」はよく分らない表現であるが，「平等な・分け隔てのない・公平な」等の言い間違いとみなして，"equal/fair/impartial/just"など．しかし，原文も訳文も何が言いたいのか，文脈が与えられていないのでよくわからない．少し大胆に，「芸術と科学は，（それ自体に価値があるのではなく）万人の利益に公平に奉仕する場合にのみ価値がある」と読み変えてみるならば，"Art and science are valuable only when they fairly serve the interests of all/〜 only when they benefit everyone justly"となる．

実戦問題

1. この30年間をふりかえると，東京の郊外の変りようのはげしいのに驚くばかりである．都心からかなり遠くまで離れないと，昔の田園の面影を見ることはできない．（中央大）
2. 青少年の健全な成長のためには，家庭の果たす役割が非常に大きな比重を占めています．親を中心に家族全員が協力し合う家庭は，子どもの心に家族を思いやるやさしさを育てます．（大阪府大）
3. 家庭の機械化がすすみ電化がすすめば，それだけ主婦が家事に拘束される時間は減る．ところがひまが多くなると，中年の主婦は，不安を覚えたり，不眠になったりすることがある．（秋田大）
4. デパートといえば，東京のデパートへ行くと，並べ方のいかにも

まずいのと値札がはっきり出ていないのとで，いらいらすることがある．有り難いことに，大阪の店ではたいていパッチリ値札がついている．大阪の女のたのしみは，買物そのものよりも値段と品物の見くらべかたにある．高くてよいものなら当り前なので，そんなものを買っても自慢にはならぬ．安くてよいものを見つけるのが腕の見せどころである．（大阪市大）

5. 米国で女性のはげしい社会進出ぶりをもっとも象徴的に示しているのは，大学のキャンパスだろう．専門書を小脇に抱えた，見るからに主婦とおぼしき中年女子学生に出会うことは，大ていの大学でそうめずらしいことではない．一度家庭にこもっていた女性たちの大学再入学が，米国でいま大流行なのである．（大阪外大）

考え方

1. この30年間をふりかえると，東京の郊外の変りようのはげしいのに驚くばかりである．

   * 「この30年間をふりかえると」，"Looking back on the past (the last/ these) 30 years," と分詞構文でも，"when one looks back 〜" と副詞節でもよい．
   * 「東京の郊外の変りようのはげしい」 名詞の羅列で，"the great (enormous/remarkable/incredible) changes in the suburbs of Tokyo". 節を使えば，"how much the suburbs of Tokyo have changed/that the suburbs of Tokyo have been transformed so much".
   * 「〜のに驚くばかりである」 主語は "I/we/you/one" どれでもよい．〔作例〕のうち一つは "one" を使い，代名詞を「開き直りの she」（第6章実戦問題6）にする．"I am /she will be just astonished at (amazed at/startled by)". 但し that 節ならば，前置詞が消えるという原則を忘れずに．

都心からかなり遠くまで離れないと，昔の田園の面影を見ることはできない．
* 「都心」"the center of the city/the urban center/downtown".
* 「～からかなり遠くまで離れないと」"unless I go quite far from ～/without getting away from ～".
* 「昔の田園の面影」名詞の羅列で，"any sign (remain/remainders/shadows) of the former coutryside".「昔の田舎がどうであったか思い出すよすが」と考えて"anything that reminds her of what the rural area was once like".
* 「～を見ることはできない」"I cannot find ～".

2. 青少年の健全な成長のためには，家庭の果たす役割が非常に大きな比重を占めています．
* 「青少年」"juvenile"という言葉に悪い意味はないが，「少年非行」"juvenile delinquency"を連想させる．「子供達」でよい．"adolescent"「青春期の人」．
* 「～の健全な成長のためには」単語の置換えで"for the sound (healthy) growth (development) of children".「子供が健全に成長するためには」という事柄をつかんで，"for children to develop in a sound way".
* 「家庭の果たす役割」"the role (which) a family plays".
* 「非常に大きな比重を占めています」"occupies great importance". しかし，上の点と合せて「家族がその役割を果たすことが重要です」とした方が自然だろうし英語でも然り．"it is very important for a family to carry out its role".
　親を中心に家族全員が協力し合う家庭は，子どもの心に家族を思いやるやさしさを育てます．
* 「親を中心に家族全員が」「親」は二人いる場合が多く「中心」は一つである．「両親と子供達が」と考える．
* 「～協力し合う家庭は」"a family in which parents and children

第9章　「名詞」の「名詞」　123

cooperate"
* 「子供の心に」"in their hearts".
* 「家族を思いやるやさしさ」「家族への愛情」"a love for the family".
* 「〜を育てます」"will foster/nurture/cultivate". しかし，この文全体を「子供は，親と協力するように育てられると，家族のことを思いやるようになる」と考えた方が自然な日本語であり英語でも然り.
〔作例〕(1) ではなるべく和文に忠実な（つまり下手な）英文を，〔作例〕(2) では少し自由な英訳を挙げる.

3. 家庭の機械化がすすみ電化がすすめば，それだけ主婦が家事に拘束される時間は減る.
    * 「家庭の機械化」「フロ，メシ，ネル」の三語で一切が済むことを言っているのではない．"mechanized family" に意味があるとすれば，その意だろう.
    * 「家庭の電化」 共産主義＝電化を唱えたレーニンは過去の人となってしまった．"electrify" は「ぎょっとさせる」か「感動させる」の意でよく使う．結局，「家庭の自動機械の進歩とともに」"with the advancement of automation in the home". しかし，これでもまだ日本語も英語も不自然.「家庭に機械や電気器具がとりいれられて "are introduced into"」と考える.
    * 「主婦」"housewives".「主夫」もいると考えれば，"homemakers".
    * 「家事」"housework/household chores/housekeeping".
    * 「それだけ〜拘束される時間は減る」「拘束される」"be bound (tied down)" を使い，"the time (which) 〜 to spend 〜 has decreased". しかしこれでは「家事奴隷」ではないか.「それだけ」も生かして "〜 spend that much less time V-ing"

    ところがひまが多くなると，中年の主婦は，不安を覚えたり，不眠になったりすることがある.
    * 「ところがひまが多くなると」"However, with the increase of free

time". あるいは as 節でもよい.
* 「不安を覚えたり, 不眠になったりする」「不安」"anxiety",「不眠」"inability to sleep" を "suffer from" につなぐ. "they cannot" でも工夫せよ.

4. デパートといえば, 東京のデパートへ行くと, 並べ方のいかにもまずいのと値札がはっきり出ていないのとで, いらいらすることがある.
* 「デパートといえば」"Speaking (Talking) of department stores,".
* 「東京のデパートへ行くと」"those in Tokyo". "of" は不可.「行く」"visit".
* 「並べ方のいかにもまずい」"the lousy (poor) way they display things (goods)". "display" を名詞として使いもっと簡単な表現を.
* 「値札がはっきり出ていない」"the lack of readable (clear) price tags".「はっきりしない値札」と簡略化の工夫を.
* 「〜で, いらいらする」"get irritated at (by/with)".

有り難いことに, 大阪の店ではたいていパッチリ値札がついている.
* 「有り難いことに」"To my gratitude/Thankfully/Fortunately,".
* 「大阪の店ではパッチリ値札がついている」「大阪の店」を主語に.「値札をはっきり示している」と考える.

大阪の女のたのしみは, 買物そのものよりも値段と品物の見くらべかたにある.
* 「大阪の女のたのしみは」"one of the pleasures of (for) women in osaka".
* 「買物そのものよりも」"not so much in shopping itself".
* 「値段と品物の見くらべかたにある」"as in V-ing".「品物」"the quality of goods". 以上3点を「大阪の女は物を買うよりも値段と品質の見比べの方が好きである」という事柄として英語で表わせ.

高くてよいものなら当り前なので, そんなものを買っても自慢にはならぬ.

* 「高くてよいもの」"high-priced, high-quality goods/something that is both high in quality and expensive" を主語で. または「それらを買うこと」と考え "buying 〜 is". "good and expensive" は "very expensive" の意で不可.
* 「当り前」"be taken for granted/be just a matter of course".
* 「自慢にはならぬ」「女」を主語に "cannot boast of/find pride in". V-ing を主語に, "nothing to be proud of/not a source of pride".

==安くてよいものを見つけるのが腕の見せどころである.==

* 「安くてよいものを見つけるのが」to-V を主語に. 今度は "good but cheap".
* 「腕の見せどころである」"shows a woman's skill at (in) shopping".「上手な女は安くてよいものを見つける」とも考えられる.

5. ==米国で女性のはげしい社会進出ぶりをもっとも象徴的に示しているのは, 大学のキャンパスだろう.==

* 「〜のは, 大学のキャンパスだ」"〜 is the college campus" は不可.「〜のは女性達の大学再入学」だからである. つまりこれはウナギ文.「キャンパスで見受けられる／キャンパスの状況である」と考える. "is seen on/is the situation on"
* 「米国で〜示しているのは」主語がないことに気づき what 節.
* 「女性のはげしい社会進出ぶり」"women's rapid social advancement".
* 「もっとも象徴的に示している」"most symbolically indicates".

==専門書を小脇に抱えた, 見るからに主婦とおぼしき中年女子学生に出会うことは, 大ていの大学でそうめずらしいことではない.==

* 「〜抱えた, 〜とおぼしき中年女子学生」連体修飾節が二つある. 一つの名詞に二つの関係詞節が付くことはある（文法：二重制限・限定）が, なるべく避ける.「〜抱えた」を「抱えて」と分詞構文で, "carrying 〜 under their arms".
* 「専門書」相当する単語はない. 一科目に指定図書が数冊あるのが普通であるから "textbooks".「分厚い本」"heavy (bulky) books".

* 「見るからに〜とおぼしき」"apparently"と副詞で．または"look like"．
* 「中年女子学生」"middleaged female students"．「男女共学校の女子学生」"co-eds"は死語となりつつあるのかもしれない．
* 「出会う」"see/come across/encounter"．
* 「大ていの大学でそうめずらしいことではない」"it is not so uncommon at colleges to see/on most college campases we often"．

<mark>一度家庭にこもっていた女性たちの大学再入学が，米国でいま大流行なのである．</mark>

* 「一度家庭にこもっていた」"who once retreated to the confines of their homes/who once stayed at home"．
* 「大学再入学」"the reentry of women into colleges"．
* 「いま大流行なのである」"is now booming (highly popular)"．以上2点を合せて「ますます多くの女性達が大学に戻ってきている」という事柄を表現せよ．

作例

1.

(1) Looking back on the past 30 years, I am just astonished at the incredible changes in the suburbs of Tokyo. Unless I go quite far from the center of the city, I cannot find any sigh of the former countryside.

(1') Reflecting on the past thirty years, I am amazed at all the changes in the Tokyo suburbs. It is impossible to find any traces of the former countryside unless I completely leave the center of the city.

(2) When one looks back on these 30 years, she will just be amazed at how much the suburbs of Tokyo have been transformed. Without getting away from the urban center, she cannot find anything that reminds her of what the rural area was once like.

2.

(1) For the sound growth of children, the role the family plays occupies great importance. A family in which parents and children cooperate will foster a love for the family in their hearts.

(2) For children, to develop in a sound way, it is very important for their family to carry out its role. Children will be condiderate of their family when they are brought up to cooperate with their parents.

3.

(1) With the advacement of automation in the home, the time housewives are bound to spend on housework has decreased. However, with the increase of free time, middle-aged housewives sometimes suffer from feelings of anxiety or inability to sleep.

(1') With the advancement of home appliances, housewives are less tied up in household chores. However, proportionate to the increase in free time are feelings of anxiety causing insomnia among middle-aged housewives.

(2) When mechanical and electric appliances are introduced into the home, housewives spend that much less time doing household chores. Conversely, as they gain more free time, middle-aged housewives sometimes cannot sleep well and feel anxious.

4.

(1) Speaking of department stores, when I visit those in Tokyo, I sometimes get irritated at the lousy way they display things and at the lack of readable price tags. Fortunately, those in Osaka usually show their price tags clearly. One of the pleasures for women in Osaka is not so much in the shopping itself as in comparing the price and the quality of goods. High-priced, high-quality goods are taken for granted, so buying them is not a source of pride. To find something good but cheap shows a woman's skill at shopping.

(2) Speaking of department stores, when I go to those in Tokyo, I sometimes get lrritated by the poor display of goods and ambiguous price tags. Thankfully, those in Osaka usually show the prices of goods clearly. Women in Osaka love to compare price and quality more than to buy

things. Buying something that is both high in quality and expensive is just a matter of course, so it is nothing to be proud of, A skilled woman finds things that are good but cheap.

5.

(1) What most symbolically indicates women's rapid social advancement in America is seen on college campuses. it is not uncommon at colleges to see middle-aged female students who are apparently housewives, carrying textbooks under their arms. The reentry of women into colleges who once retreated to the confines of their homes is now booming in Amenca.

(1') The scene most symbolic of women's rapid social advancement in America is the one on college campuses today. It is no longer uncommon to see middle-aged coeds, who are apparently married, carrying books under their arms. More and more American women who once stayed in their homes are now going back to school.

(2) What most symbolically shows women's great social participation in the US is the situaion on college campuses. On most college campuses today we often come across middle-aged female students who seem to be housewives, carrying heavy books under their arms.

More and more women in the US who once stayed at home are now going back to school.

第10章　言葉の塊——連体か連用か

> 日本語は，アルファベットだけで成立する言葉に慣れているヨーロッパ人にとって，学ぶのにもっとも困難な言葉のひとつらしい．（秋田大・一部改）　……①
>
> （試訳）　The Japanese language seems to be one of the most difficult ones to learn for Europeans, who are used to languages that use alphabets.

上の和文は「アルファベット〜慣れている」が「ヨーロッパ人」を，さらに「アルファベット〜困難な」が「言葉」を修飾するという構造を持っている．しかし，「ヨーロッパ人」を修飾する部分が「困難な」理由を表しているのだと理解して，

> Because in Europe languages are usually written in alphabets, it seems that Japanese is a most difficult language for Europeans to learn.　……②

と考えて見れば訳しやすい．この英文を和訳すれば，

> ヨーロッパでは言葉は普通アルファベットで書かれているので，ヨーロッパ人が日本語を学ぶのはなかなか難しいらしい．……②′

となる．よく，「和文英訳」の前に「和文和訳」を行なえという奇妙な主張を見掛けるが，それは表面上の①と②′との関係を指していると言えるだろう．しかし，実のところは「①→②′→②」という過程があったのではなく，「①→②→②′」という過程を経て和文②′が生みだされたのである．まだ自分の書いた英文に信頼がおけないと思っているうちは，②′が①と同一の事柄を述べていることを確認して②を①の英訳として認めているのであって，②′は副産物にすぎない．実際①を，

> 日本語は，表音文字による表記が言語の普遍的現象であると錯覚しているヨーロッパ人の視点からは，習得難易度の極めて高い言語であるようだ．

と「和文和訳」をして，いくらかでも英訳し易くなるだろうか．

　仮に日本語の言い変えが「和文英訳」において有効性を持つと認めるとしても，それは「和文」を読むとき，「この事柄を英語で表わすのだ」という了解を持っていて，英語の語彙・文型等が呼び起こされる一助としてなされるだけであろう．

--- **練習問題** ---

　以下の和文の表す事柄を考え，それを英語で書き表わせ．その際，連体修飾節・連用修飾節等の言葉の塊をどう扱うかを焦点に，できれば二つ以上の英文を作成せよ．
1. このごろ，駅の周辺にところかまわず自転車を置いて通勤する人たちが目立ってふえた．（慶応大）
2. 都会生活のはなやかさのかげになって，恵まれない人々の暮らしはあまり目につかない．（京都府大）
3. 小さい頃の私は，知っている人に会ってもあいさつすらできず，母のかげにかくれるほどの恥ずかしがりやでした．（広島大）
4. 近頃の子供は，田んぼに落ちたボールはそこに見えていても手が届かないからと簡単にあきらめてしまう．（同志社大）
5. 近ごろの大学生のなかでは，就職が決まってから入社までの間の海外団体旅行がさかんなようだ．（宇都宮大）

　前章で考えた名詞の作る言葉の塊にせよ，連体修飾節・連用修飾節等と呼ばれる言葉の塊にせよ，大事なことはその塊がどんな事柄をいいあてているのかであって，主語・目的語・連体・連用等のその塊の文法上の機能ではない．塊と塊をどう結び付けるかはかなり自由であって，「来春高校を卒業する彼女は，卒業後の進路の問題を悩んでいる」と言っても，「彼女は来年の春高校を出るが，卒業した後何をすればよいのか困っている」と言っても語られている事柄に変わりはない．

　全く同じことが英語の世界でも言えるのであるから，日本語の言葉の塊

を英語でどう表現するのか大まかな見当をつけてしまえば，塊と塊をどう結び付けるかは英語の構成力の問題であって，「和文和訳」が入り込む隙間はない．

〔練習問題の解答と解説〕

1. ① Recently the number of people who leave their bicycles everywhere around the station when they take a train has remarkably increased.

   ② More and more commuters leave their bicycles everywhere around the station these days.

   随所で触れてきたことであるが，日本語は数量を述語で表現することが多い．その結果，『連体修飾節＋主語＋多い・少ない・増える・たくさんいる等』の構文になる．①でもちろん意味は通ずるが，英語は主語のところで数量を表すことが多い．なお「通勤者」"commuter" を使えば①ももっと簡単になる．

2. ① Because the lives of the poor are overshadowed by the prosperity of city life, we do not pay much attetion to them.

   ② The lives of the poor (which are) lost in the midst of gaiety of city life go unnoticed.

   「～かげになって」と連用の所を②では形容詞節にしてみた．"～, lost ～," という形にすると p.p. の形容詞用法（非制限的）か分詞構文か分らなくなる（どちらと考えても同じこと）．"the lives of the poor are easily (readily) forgotten (overlooked)" を使って①と②を書き変えてみよ．

3. ① When I was little, I was a shy child who would hide behind her mother's skirt without saying a word even when we met someone I knew.

   ② When I was a child, I was so timid that I would hide behind my mother's skirt without saying hello even when we met someone I knew.

①の"who"節の中では代名詞は"a child"を受ける.「私」が男女いずれかによって変わる.結局②の方が自然な英語になっている.

4. ① When they lose a ball in the paddy, children today don't bother going after it, even though visible, if it is not reachable.

② Children today will soon give up retrieving a ball fallen in the paddy that they cannot reach even when they can see it.

　①が少し苦しいのは,副詞節が三つあってその位置が難しいからである.二つを主節の後ろに置き,できるだけ短い形にした.

5. ① It seems that package tours abroad in the period between getting a job offer and entering the company are booming among college students today.

② It seems that after getting a job offer a great number of college students these days go abroad on package tours before starting their new job.

　②は和文の構成をなるべく写そうとしたものだが少し苦しい.大学を卒業しないうちに就職が決まるというバカバカしい習慣に文句を言いたくなる.

実戦問題

1. 工業化時代に生きるわれわれは自然を制御することに絶大な誇りをもっている.地や空にあるすべてのものは,やがてわれわれの「良い生活」のために利用されるにいたるだろう.だが,その良い生活とは何か.(同志社大)

2. 知に従っていってどんな結論に到達しようともその結論まで進んでいくことが思索家としての第一の義務であることを認識しない者は,なに人も偉大な思索家とはなりえない.(法政大)

3. 公人となると楽じゃない.ひとたび発表した意見は,たとえその誤りが後でわかっても,そうおいそれと取り消すわけにはいかない.自己の確信を,まるでワイシャツのように3日に1度,取り替えて構わない無名の士こそ幸いなれだ.(富山医薬大)

4. 勉強するのが本当に面白いと思うようになるまでには，十年の歳月が必要であった．遠く走るのは苦手であるが，ゆっくり歩くのであれば，いくら遠い道でも音をあげない私には古典の勉強は似合っていた．（津田塾大）
5. 他の授業でもそうだけど，特に語学は女子学生がよくできる．ボクのクラスでフランス語で「優」をとるのは全部女の子だろう．先生もそのつもりで女子学生を相手に授業をしているように見える．大学を出るまでに二ヶ国語を覚えるという理想はいいけれど，どうも我々男子学生には無理のような気がする．

考え方

1. 工業化時代に生きるわれわれは自然を制御することに絶大な誇りをもっている．
   * 「工業化時代に生きるわれわれは」"we, who live ～,"というのはあまり見掛けないが〔作例〕(1)で使ってみる．「我々は工業化時代に生きているので」と考える．節もよいが，分詞構文で．「工業化時代」"this industrial society"．
   * 「自然を制御することに」"controlling nature/our control over nature"．
   * 「絶大な誇りをもっている」"take pride in/boast of/be proud of"．「絶大な」にこだわれば（こだわらなくてよい）どれが使いやすいか．

   地や空にあるすべてのものは，やがてわれわれの「良い生活」のために利用されるにいたるだろう．
   * 「地や空にあるすべてものは」"everything (that exists) on the earth and in the air"としても落ち着きが悪い．人間が利用するのは地中の鉱物資源であり，空気中の酸素・窒素などである．"everything above the ground and below it"．あるいは筆者の意図が「すべて」を強めているだけと見れば"everything under the sun"．

* 「やがて～いたるだろう」 "sooner or later" も可. "eventually" がよい.
* 「利用される」 "be used/utilized/exploited". 「自然の収奪」にはどれがよいか.

　だが，その良い生活とは何か.
* 「だが～何か」 "what" を強める言葉 "in the world/on earth" を使う.

2. 知に従っていってどんな結論に到達しようともその結論まで進んでいくことが思索家としての第一の義務であることを認識しない者は，なに人も偉大な思索家とはなりえない.

* 「～しない者は，なに人も～なりえない」 息の長い文であるから先ず主語と述語を確認し方針を立てる. 強引に和文の構造を写すなら "no one who does not ～ can be ～". なお "anyone ～ cannot be" としてはならない. "not ～ any" の語順はよいが "any ～ not" は認められない（文法：否定文）.
* 「知に従っていって～進んでいくことが」 二つの動詞が「こと」で体言化されて「義務である」の主語になっている. to-V を使う. 「知」は「論理・理性」.
* 「結論にまで進んでいく」「にまで」とは「結論」が終点. "reach/arrive at".
* 「どんな結論に到達しようとも」 "a conclusion, whatever it is," でよいが，「知を導きの糸として知の指し示すその結論にまで」と考えれば上の点と合せて，"reach whatever conclusion it leads to".
* 「思索家としての第一の義務」 "his (her) primary duty as a thinker (philosopher)". 以上をまとめると，"to-V and to-V is his primary duty" であるが，第7章の実戦問題1で考えたように主語と補語を入れ替えた方が自然な英文になる.
* 「～であることを認識しない」 以上を that 節にして，"is not aware/does not realize".
* 「なに人も偉大な思索家とはなりえない」 以上を who 節にして，"No

one who ～ can be a great thinker" とまとめあげれば立派な英文．しかし，和文が「要素①→要素②→…→主語＋述語」という構造であるのに対して，英文は「主語←…←要素②←要素①＋述語」という構造に大まかに言えばなっていて，しかも否定の主語であるからその「否定」を述語のところまで引張ってくるという離れ業をすることになる．それを避けようと思えば，主語を２回使えばよい．「もし思索家が that 節を認識しないとしたら，その人は～なりえない」と考え英文を構成せよ．

3. 公人となると楽じゃない．
   * 「公人」"public persons" は「公的機関に勤める人」．ここの「公人」は「芸能人は公人であってプライバシーはない」という「無名の士」の対．"a public figure/famous people/a celebrity"．
   * 「となると楽じゃない」「となると」は冗語．"it is never easy to be ～／～ doesn't lead an easy life"．

   ひとたび発表した意見は，たとえその誤りが後でわかっても，そうおいそれと取り消すわけにはいかない．

   * 「ひとたび発表した意見」"an opinion" を修飾する関係詞節を，"he has once made it public/he has already anounced it" から作る．
   * 「その誤りがわかって」"he finds it wrong" なら全面的誤り．"he finds a mistake（fault）in it"．
   * 「後で」"later on" であるが，うまく文の中で使えるかどうか．
   * 「おいそれと取り消すわけにはいかない」"he can't easily retract（withdraw）it/take it back"．さて以上をまとめると，"even if he finds ～ opinion which ～, he can't ～" となる．もちろん立派な英文．しかし「ひとたび発表した意見」を「意見をひとたび発表すると」と連用にとり，『副詞節①＋主節＋副詞節②』で書く工夫を．接続詞 "once" を使う．

   自己の確信を，まるでワイシャツのように３日に１度，取り替えて構わない無名の士こそ幸いなれだ．

* 「自己の確信を～取り替えて構わない」「確信」"beliefs". 「取り替えられる」と考えれば簡単.
* 「ワイシャツのように」"as if" と節にすると複雑になるので, "just like". "shirts" でよいが「着ているもの」"clothes" が自然に響く.
* 「3日に1度」"once in three days/every three days".
* 「無名の士」"ordinary people/ ～ without reputation/the man on the street"
* 「幸いなれ」"be happy/lucky/most fortunate". 命令形だが「～である」でよい. 以上をまとめると "ordinary people who can ～ are happiest" となる. 主語が長すぎて形が悪い. 一つの方法は "Happiest are those ordinary people who ～" と "C + V + S～" にすること(文法：倒置)であるが, 古文めいていて勧められない. 連体を連用へと考えて, because 節で工夫せよ.

4. 勉強するのが本当に面白いと思うようになるまでには, 十年の歳月が必要であった.
   * 「～十年の歳月が必要であった」「時間が掛かる」"it takes + 人 + 時間 + to-V".
   * 「勉強するのが本当に面白いと思う」"to find my research (studies) really interesting". before 節を使ってもよい.

速く走るのは苦手であるが, ゆっくり歩くのであれば, いくら遠い道でも音をあげない私には古典の勉強は似合っていた.
   * 「速く走るのは苦手である」「物事をいそいですることはできない」ということの喩であろうが, 英語でもそのまま通ずると思う. "be poor at V-ing".
   * 「ゆっくり歩くのであれば」複雑な構文になるので節を避けて "at a slow pace/leisurely/walking slowly".
   * 「いくら遠い道でも音をあげない」は,「長距離を行くことができる」. ゆえに "never give up any (whatever) distance". 以上が「私」を修飾している. "I, who ～," はめったに見ない形だが, 対比のために

〔作例〕(1) をそれで書いてみる．関係詞は必ず非制限的に．『ジキル博士とハイド氏』ではないのだから．
* 「古典の勉強は似合っていた」"best suited for studying classic literature"．上の点は「私」の性格で今も昔も変わらないが，「古典の勉強に向いている」と思ったのは過去のどこかの時点である．この部分を"〜, and 〜"と切離して，前半を現在形，後半を過去形で書け．

5. 他の授業でもそうだけど，特に語学は女子学生がよくできる．
   * 「他の授業でもそうだけど」「そうだ」"true for (of)"．「でも」"as well"．
   * 「特に語学は女子学生がよくできる」「語学」"language classes"．「女子学生」"female students/girls"．

ボクのクラスでフランス語で『優』をとるのは全部女の子だろう．
   * 「ボクのクラスでフランス語で」「ボクのフランス語のクラスで」
   * 「『優』をとる」"get an A"．

先生もそのつもりで女子学生を相手に授業をしているように見える．
   「先生もそのつもりで」「先生にもそれは分っていて」"the professor seems to know it"．「先生もそれを頭に入れて」"with that in mind"．
   * 「女子学生を相手に授業をしている」「〜だけを教えている／に話している」．

大学を出るまでに二ヶ国語を覚えるという理想はいいけれど，どうも我々男子学生には無理のような気がする．
   * 「大学を出るまでに」"by the time we leave school/by graduation from a university"．「在学中に」"in college"．
   * 「二ヶ国語を覚える」"to learn (master) two foreign languages"．
   * 「という理想はいい」　明らかに同格型の連体修飾．以上をまとめて，"The ideal that we should learn two foreign languages by the time we leave school is a fine one"となる．問題点は"the ideal that 〜"という結び付きをあまり見掛けないことである（但し，認めている辞

書もある).さらに今まとめたような『主語←…←要素②←要素①＋述語』という形をできるだけ避けようというのが,本章の主題の一つではないか."it is a fine ideal to-V" か「理想としては」と考えて工夫せよ.

＊「どうも～無理のような気がする」"doubtful/unrealistic/impossible".

作例

1.
   (1) We, who live in an age of industrialization, boast of controlling nature. Everything above the ground and below it will eventually be used for our "good life". But what on earth is that good life?

   (2) Living in this industrial society, we take great pride in our control over nature. Everything under the sun will eventually be exploited for our "good life". But what in the world is the good life?

   (2') Living in today's industrial society, we take great pride in our control over nature. Anything and everything is being exploited for the sake of "good life". But just what is the "good life"?

2.
   (1) No one who is not aware that his primary duty as a thinker is to follow logic and reach a conclusion, whatever it is, can

be a great thinker.

(2) If a thinker does not realize that his primary duty as such is to follow logic and reach whatever conclusion it leads to, he cannot be a great one.

(2') To be a great thinker, you have to realize your primary responsibility as a thinker is to be logical in your thinking and reach a conclusion regardless of what it might be.

3.

(1) It is never easy to be a celebrity. Even if he finds a fault with an opinion he has once anounced, he cannot easily take it back. Ordinary people who can change their beliefs once in three days just like their clothes are most fortunate.

(1') Being a celebrity is never easy. Once you state your opinion publicly, you cannot easily take it back. Lucky are those ordinary people who can change their ideas every three days, just like their clothes.

(2) A famous person does not lead an easy life. Once he makes his opinion known to others, he cannot easily retract it, even if he finds a mistake in it later on. Ordinary people are happiest because they can change their beliefs once in three days just like their clothes.

4.
  (1) It took me ten years to find my studies rerally interesting. I, who am poor at running fast but can go a long distance at a slow pace, am suited for studying classic literature.

  (2) It took me ten years before my research truly became interesting. I am no good at running fast but never give up going any distance at a slow pace, and consequently, I found myself best suited for studying dassic literature.

  (2') Ten years passed before I developed a genuine interest in my research. I'm not a fast runner, but my endurance for going long distances is very strong. Consequently, I found myself best suited for delving into classics.

5.
  (1) I suppose it's true for other classes as well but particularly in language classes female students always seem to do well. All the students who will get an A in my French class will be women. The professor also seems to know it and to talk only to female students. It is a fine ideal to learn two foreign languages by graduation from a university, but it seems impossible for us male students.

  (2) It seems girls do particularly well in languages, though I suppose it's true of other subjects as well. All the students who will get an "A" in my French class will be girls. With

that in mind, the professor seems to be teaching only the girls. As an ideal, it is noble to master two foreign languages in college, but somehow I feel that for us boys such an ideal is unrealistic.

第11章　言葉の復元力——言い間違い

第2章で,
　　× I am an order is eel.

は間違いであって,そんな英語は存在しないと述べた.しかし,もし動物愛護家が,

　　? A mouse is a rabbit is a dog is a pig is a monkey is a man is a whale.

と言ったとしたらどうであろうか.文法的に間違いではあるが,哺乳類の一体性を呼び掛けるその主旨は理解できるであろう.理解できれば必要性に応じて同じ事柄を,より「正しい」英語や日本語で表現できるはずである.第2章の実戦問題3で,「仙台は……文字通り東北の文化の中心である」の「文字通り」を"literally"としなかったのも,筆者の本意が「仙台」の字義の解説ではないと見て,「まさに・大袈裟ではなく」と考えたからである.

　ある事柄を表現する文章を支えるのは,その字面上の論理的・翻訳機械的意味連関だけではなく,種々の暗黙の前提であり,同一の言語を話す人達の常識となれあいであり大きな文脈の流れである.恥をさらせば,「流れに棹さす」という表現を「時流に抗して」の意だと誤解して使っていたことがあった.しかし誰もとがめだてをしなかった.心中「バカめ」と思いつつ,こちらの意味することは了解してくれていたのだと思う.

　だが,「和文英訳」または「英文和訳」のように,ある言語で表現されている事柄を他の言語で表現しようとする場合,どこまで暗黙の前提や常識を頼りにしてよいのか判断できかねることが多いと思う.

--- **練習問題** ---

次の各文の字句にこだわらず,それが表わしている事柄を英文で書け.
1. われわれはその新聞の報ずる現在の世界情勢についての詳しい報道を

1から10まで信じることはできない．（大阪工大）
2. ここ2, 3年交通事故の死亡者が以前よりへりつづけているそうですが，あなたはどんな理由によるとお考えですか．（新潟大）
3. テレビの連続ドラマの第1回をたまたま見てしまったおかげで，毎週その番組を見ないと落ち着かない．（同志社大）
4. バスが出発して間もなく，隣の席に，私とちょうど同じ年頃の女子学生が乗り合せてきました．（奈良女子大）
5. 私は2年か3年ごとに1回は聖書を読み通すのだが，それはいつも，すべてのうちで最も得るところの多い本であることがわかる．（名古屋学院大）

　勿論，英語も日本語も同じ人間という種によって使われているのだから，人間社会全体に共通する前提や暗黙の了解によりかかってもよい場合も数多くある．

　　老人の私を気の毒に思った娘さんが立って席をゆずってくれた．私が坐ろうとすると，ほかの若い女性が私を押しのけてその座席に坐ってしまった．　　（横浜国大）

　　（試訳）A young woman who felt sorry for an old man, stood up and gave me her seat. As I was about to sit down, another young woman pushed me aside and took the seat for herself.

という場合に「ゆずってくれた」のだから，席の授受は完了しているはずで，さらに，「私が坐ろうとする」のは変だと理屈をこねる必要はない．太陽系外の知的生命体と交信しているわけではないのだから，阿吽の呼吸で分ることはたくさんある．文法は要らないとか，論理なんてどうでもいいとか，無茶を言う気はないが，少々文法的でなくても，少々論理的でなくても言葉は通ずるのだ．そういう言葉の復元力に頼って日常生活が維持されている．

〔練習問題の解答と解説〕

1. **We cannot trust every detailed report on the present world situation reported on that newspaper.**
   「1から10まで信じることはできない」はそのまま訳せば"not 〜 any"の組合わせになるが，全面嘘だらけの新聞はパロディー以外には考えられない．解答例のようにするか"not 〜 all the news". 和文を訂正するならば，「1から10<u>は</u>信じること<u>が</u>できない」.（文法：部分否定）

2. **In the last few years the number of traffic fatalities has been decreasing. What do you think is the reason for it?**
   和文の意味は「以前も減少傾向だったが，それに比べても，へり続けている」であろうか．もしそうならば，"〜 the number of automobile deaths has been decreasing more rapidly than before"となるが，「常識」がそういう事態ではないことを教えてくれる．後半の"what"と"do you think"との位置に注意（文法：疑問詞の位置）．あるいはそこを"What do you attribute this decrease to?"としてもよい．

3. **Because I happen to watch the first broadcast of a serial TV drama, I feel strange if I miss a week.**
   前半は，"I happened to see the first telecast of a serial TV drama, and so"としてもよい．「毎週その番組を見ないと落ち着かない」という和文を「間違い」と断定する勇気はないが，「学校へ毎日行かないといけない」，「家賃は毎月払わないと問題になる」等と考え合せて見ると，これでは「全回見ないと」の意になっているとも思われる．"if I miss it every week"という英文は明らかにそういう意味である．それゆえ，ここでは和文を「その番組を見ない週があると落ち着かない」と理解しなければならない．"if there is a week when I cannot watch it, I feel somethig is missing"もよい．「落ち着かない」は他に"feel disappointed/uncomfortable/funny/frustrated".

4. **Soon after the bus started, a college girl just about my age sat down next to me.**
   「出発する」は"leave/depart"もよい．「乗り合せてきました」は

バスという言葉の影響を受けた間違いと思われる．"got on the seat next to me"では意味不明になってしまう．「座りました」と考える．

5. **I read through the Bible once in two or three years, and each time I find it the most beneficial book of all.**

宗教的情熱にかられて書いた文であろうから，あまり文句を言ってはいけないが，「それは」では「わかる」の主題になってしまう．「それが」とすれば「本である」の主語になる．「いつも」ではなく，「その度に」であろう．なお，「得るところの多い」を"profitable"とすると，聖書が実用書であるかのように響く．

実戦問題

1. 海外勤務をしていていちばんやっかいなのは，正直いって，日本からの来客応接にいとまのないことである．本社から連絡のあった人だけでなく，友人や，紹介状を持った人が予告なしに訪れてくる．業務が取り込んでいるときには頭が痛いものである．（北九州大）

2. 日本では，サラリーマンは，遠隔の地，ときには外国へ転勤になることがある．そんなとき困ることのひとつは，子供の転校があまり容易ではないということである．結局家族を残して，新しい土地で，ひとりぐらしを始める人が多い．（神戸外大）

3. 昔，ぼくたちが学生だった頃，親父（おやじ）の職業をついで，親父とおなじ仕事をやるという友人を，ぼくたちは軽べつしたものである．親父と息子は性格からいっても，才能からいっても，おなじ傾向の人間だとは限らない．親父は親父，息子は息子といった方がむしろ普通なのである．（東北大）

4. 人間というものはおかしなもので，便利重宝な物に心をうばわれはするけれど，日に型をかえて売り出される商人の造作物よりも，自分で工夫してつくったものの方にもうひとつのよろこびが裏打ちされているものだ．こっちの方がいいにきまっている．愛着というものは，便利さにあるのではなくて，心をつくしたことにあ

る．（大阪大）
5. 私は父とその村に小さな家を借りて，しばらく落着いていることにしたのだが，その頃私はと言えば何とも言いようのない，おかしな矛盾に苦しめられていた．私は私の母を，その地震によって失ったばかりであった．それにもかかわらず，私には自分がそのことからさほど大きな打撃を受けているとはどうしても信じられなかったのだ．私自身にもそれが意外なくらいであった．（一橋大）

考え方

1. 海外勤務をしていていちばんやっかいなのは，正直いって，日本からの来客応接にいとまのないことである．
    * 「海外勤務〜やっかいなのは」「海外勤務」"to work abroad"．what 節でまとめるか，「の」＝「問題」と考えよ．
    * 「正直いって」"frankly speaking"．文頭でもよいが，",〜," のように文中で用いてもよい．
    * 「日本〜ことである」"be busy V-ing" で．「来客応接」"taking care of/looking after/visitors"．

  本社から連絡のあった人だけでなく，友人や，紹介状を持った人が予告なしに訪ねてくる．
    * 「本社から〜人だけでなく，〜人が予告なしに訪れてくる」「本社から連絡のあった人」が「予告なしに訪れてくる」にならぬよう述語動詞を二つ使う．
    * 「連絡のあった人」「その人の来訪を連絡してきた人」"whose visits the head office〜"．または，"with a noice in advance" と副詞句で．
    * 「紹介状をもった人」 誰の紹介状かを考え，「自分」との関係も考えよ．
    * 動詞は前者 "come (according to schedule)"，後者 "drop by/come unexpectedly"．

  業務が取り込んでいるときには頭が痛いものである．

* 「業務が〜」「仕事で忙しい時」"when I am busy with a lot of work".
* 「頭が痛い」"I have a headache"は肉体的に."S gives a headache"は喩え.

2. 日本では，サラリーマンは，遠隔の地，ときには外国へ転勤になることがある．
   * 「日本では〜外国へ」"In Japan"と書き始めた人も「外国」は日本の中にないと気づいたであろう．「日本のサラリーマン」"Japanese businessmen"と考える．
   * 「遠隔の地」"remote"「辺鄙な」は避け，"distant (far away) places".
   * 「転勤になる」"be transferred to".

   そんなとき困ることのひとつは，子供の転校があまり容易ではないということである．
   * 「そんなとき」"(that occurs) in such a case".
   * 「子供の転校が容易ではない」that節で「子供」を主語に．"the difficulty for S' to-V"でも工夫せよ．

   結局家族を残して，新しい土地で，ひとりぐらしを始める人が多い．
   * 「家族を残して」"leave their families behind".
   * 「ひとりぐらしを始める」"a sigle life"「独身生活」ではない．"start out (off) alone in their new locations".

3. 第4章で論じたことと関連するが，この文は (a)「昔は軽蔑したが，現在は考えが変わった」のか，(b)「昔も今も軽蔑している」のか分らない．ひょっとすると引用の仕方が悪かったという可能性もある．(a) ならば「しかし伝統産業の不振の原因は何か」ともう一つ引用をしておくべきだっただろう．以下検討する．

   昔，ぼくたちが学生だった頃，親父（おやじ）の職業をついで，親父とおなじ仕事をやるという友人を，ぼくたちは軽べつしたもので

ある．
* 「昔～頃」（b）ならば「頃から」"since" とすればよい．それが昔も今も変わらない「ぼくたち」の信念である．しかし時代はかわり，今や親の七光りが横行する．
* 「親父の～仕事をやる」"take over their father's trade（vocation/work）".
* 「軽べつした」"look down on".（a）過去形，（b）現在完了形で．

親父と息子は性格からいっても，才能からいっても，おなじ傾向の人間だとは限らない．

* 「～からいっても～からいっても」"either from the standpoint of personalities or of abilities/either personality-wise or ability-wise"
* 「おなじ～限らない」"don't necessarily have the same inclinations".（a）ならば，最初に "We believed". that 節内は，過去・現在どちらも可．

親父は親父，息子は息子といった方がむしろ普通なのである．

* 「親父は親父，息子は息子」"a father is a father and a son is a son" という同語反復はこの場合は通ずる．しかし「名著が名著であるのは」といった表現は単語の置換えだけでは英語にならないこともある．「息子と親父は違う」で工夫．
* 「普通なのである」"it is only natural that".（a）なら "We felt" を文頭に．〔作例〕（1）は（a），〔作例〕（2）は（b）で書く．

4. こういう和文を英訳できるようになることが本書の目的であったのだ，と見えを切りたくなる．よくぞこれだけ支離滅裂の文を書けるものだと感心してしまう．さて，要はこの文章の言いたいことは「人間は工業製品よりも手作りの物に心惹かれる」ということだと見極めをつけてしまうことである．後はその主旨に外れぬようにちりばめてある言葉をなるべく多く英語でも使おうとすればよい．

人間というものはおかしなもので，便利重宝な物に心をうばわれはするけれど，日に型をかえて売り出される商人の造作物よりも，自

分で工夫してつくったものの方にもうひとつのよろこびが裏打ちされているものだ.

* 「人間〜もので」 工業製品に惹かれるのが「おかしい」"funny/strange"のか,手作りのものに惹かれるのがそうなのかよくわからない. "〜；〜"でよい.
* 「便利重宝な」 "convenient/useful/handy/efficient/helpful"の内の二つ.
* 「心をうばわれる」 "become attracted to/be charmed by".
* 「商人の造作物」 そんな物が存在するとすれば,「商業」と「工業」の定義を変えねばならない. 次の点と合せて考える.
* 「日に〜売り出される」 要するに次々と現れる工業製品のことである. たとえば "the manufactured goods on the market whose models are changed quickly".「便利重宝な物」と「造作物」は同じ物.〔作例〕(1)では一つに,〔作例〕(2)では分けて扱う.
* 「自分で〜もの」 "things they design and make for themselves".
* 「もうひとつのよろこびが裏打ちされて」 これを「もっと喜びがある」の意だと分ってしまうところに人間の言語能力の偉大さがある. "find greater joy in".

　こっちの方がいいにきまっている.

* 「〜きまっている」 "This is only natural" だけでもよいし,that 節で上の要約を書いてもよい.

　愛着というものは,便利さにあるのではなくて,心をつくしたことにある.

* 「愛着〜にあるのではなくて〜にある」「ある」のこういう用法には初めておめにかかったかもしれないが,それでも意味が分るから不思議である.「便利だから愛着 "love" が生ずるのではなく,作るのに心を尽くしたから愛着が生れるのである」

5. 私は父とその村に小さな家を借りて,しばらく落着いていることにしたのだが,その頃私はと言えば何とも言いようのない,おかしな

矛盾に苦しめられていた．
* 「私は父と」決定の主体が「私」であったことをこの語順で示しているが，英語ではほとんど常に"～ and I"．
* 「～借りて，～ことにした」「村に落着く」が決定の主内容．"decided to settle down"．「家を借りる」は分詞構文か，"and, rented a small house"．
* 「その頃私はと言えば」「その頃，私は」．
* 「なんとも言いようのない」"I could not explain it even to myself"．
* 「矛盾」「心の葛藤」"conflict/ambivalent feeling" であって「論理的矛盾」"contradiction/inconsistency/imcompatibility" ではない．
* 「苦しめられていた」"be suffering from/be tormented with"．

私は私の母を，その地震によって失なったばかりであった．
* 「私は～ばかりであった」過去完了で．

それにもかかわらず，私には自分がその事からさほど大きな打撃を受けているとはどうしても信じられなかったのだ．
* 「それにもかかわらず」"nevertheless/however"．
* 「さほど」冗語と見ても可．「母親が死ねば受けるであろう」"that great"．
* 「とはどうしても信じられなかった」"I could not believe that ～" という英語を読んで変だと思う人（英語を第一言語とする人）は少ないかもしれない．しかし，日本語の「信じられない（なかった）」はどう使うかを考えてみる．「あんなところで彼に会うとは信じられなかった」「日本がアメリカと戦争したなんて信じられないわ」．いずれも現実に起こったこと（会った・戦争した）に対する驚きの表現ではないか．英語の"I cannot believe"も日本語と同じく現実に起きたことにたいする驚きの表現．もとの和文を間違いと断定できないのは「それにもかかわらず」「さほど」といった小道具が効いているからだ．"I could not feel that ～"．

私自身にもそれが意外なくらいであった．
* 「～意外なくらいであった」 むしろこちらが "I could not believe

it" ではないか. "It seemed strange even to me".

作例

1.

(1) What troubles me when I am working overseas is, frankly speaking, I am too busy taking care of visitors from Japan. Not only those whose visits the head office informs me of arrive according to schedule, but also friends and friends of friends' with introductions drop by without any notice. They give me a headache when I am busy with a lot of work.

(2) Frankly speaking, the greatest problem in working abroad is that we are busy treating visitors from Japan. Some of them come with a notice in advance from the head office, but others are our friends or friends of friends' with introductions who come unexpectedly. It bothers us most when we are busy with our business.

2.

(1) Japanese businessmen are sometimes transferred to distant places or even overseas. One of the problems in such a case is that their children cannot easily transfer to a new school. So many of them leave their families behind, and start out alone in their new locations.

(2) Japanese businessmen are sometimes transferred to far

away places or even abroad. One problem that arises in such a case is the difficulty for their children to change schools. So many of them start off alone in their new places, leaving their families behind.

3.
- (1) When we were in college many years ago, we used to look down on our friends who were to succeed to and carry on their fathers' work. We believed that a father and his son didn't necessarily have the same indinations, either from the standpoint of personalities and of abilities. In other words, we felt that it was only natural that a father and a son were not identical.
- (1') When in college many years ago, we used to act somewhat scornfully towards our friends who were planning to take over their fathers' business. We didn't feel that a father and a son necessarily have the same inclinations—either from the standpoint of personality or of ability. We felt it was natural for a father and a son to be different.
- (2) Since our student days a long time ago, we have looked down on those friends who took over their fathers' trade. This is because a father and a son don't always have the same inclinations, either personality-wise or ability-wise. In other words, a father is a father and a son is a son.

4.

(1) Human beings are strange creatures; they find joy in convenient, useful things, the manufactured goods whose models are changed quickly and put on the market, but they find that greater joy comes with the designing and making of things with their own hands. It is natural that handmade things are better than manufactured goods. We love things not because they are convenient but because we have devoted ourselves to making them.

(1') Human beings are strange; they derive joy from the convenience and usefulness of manufactured goods put on the market. Yet, even greater joy is derived from designing and making things with one's own hands. It is natural handmade things are better than products. We love things because we devoted ourselves to making them and not because they are convenient.

(2) Humans are funny beings; they become easily attrated to convenient and useful things, However, they find greater joy in things they design and make for themselves than the joy they get from the manufactured goods on the market whose models are changed quickly. This is only natural. We love things not because they are useful but because we have put our hearts into making them.

156

5.

(1) My father and I decided to settle for a while, renting a small house in the village. Then I was suffering from a strange conflict which I could not explain even to myself. I had just lost my mother in the earthquake. Nevertheless, I could not feel that I had received a great shock from it. It seemed strange even to me.

(2) My father and I made up our mind to live in the village for the time being and rented a small house there. At the time I was tormented with an ambivalent feeling which I had no words to express. My mother was killed in the earthquake. However, I doubted if I had received that great a shock from her death. I could not believe that I felt that way.

第12章　柔軟／傲慢——「喩え」を考える

　「かわ（川）」という言葉をおぼえた幼女が，池を見て「あっ，かわ，かわ」と叫んだ時，「あれは川ではない，池というのだ」と理性的に説いて聞かせるだろうか．それとも「そうだね，川だね」と発見の喜びをわかちあうであろうか．

　喩えと言われるものには，何らかの類似性に基づく直喩（おかめのような蕎麦）・隠喩（月見蕎麦）の系列と，隣接性に基づく換喩（ざる→ざる蕎麦の意）・提喩（丼→親子丼の意）の系列があると言われるが，ここで問題としたいのはそういう分類ではなく，喩えの言語表現における必然性である．イヌイット人は「雪」に当たる言葉をたくさんもっているそうであるが，それでも千変万化の自然を全部描くことは不可能であろうから，上に述べた幼女の場合と似通った事態を避けることはできない．言語はすべてメタファー（隠喩）で成り立っていると極論を語るつもりはないが，「あれをあれしておいてくれよ」「ええ，ええ，あれですね」といった会話を日常かわしているものにとって，言語からこういう柔軟さが失われ，一つの事物に必ず一つの言葉を対応させねばならないとしたら大変なことになる．勿論，そんなことになりっこないが．

　さて，我々の関心事である和文に現れる喩えを英語でいかに表すかを考えよう．勿論，一般原則はない．「奴はイヌだ」を "He is a dog" と訳して意味が通ずるだろうか．多分駄目である．しかし，"He is sniffing about us like a dog" とすれば多分通ずる．それは人間が「犬」に見てとる性質に共通のものがあるからだ．第8章実戦問題1の「オリンピックの花」という喩えは "the centerpiece"（食卓中央の飾り）とせざるを得なかった．しかし「花」と「飾り」に人目を引くという共通の性質があることは間違いない．いくらか一般論的なことが言えるのは，いま挙げたような隠喩は文化的背景が違うと通じない場合が多いが，直喩（〜のようだ・みたいだ・に似ている）ならば人類と事物との関係の共通性に頼れることが多

いことぐらいであろう．

―― **練習問題** ――

1. 人生は一箱のマッチに似ている．重大に扱うのはばかばかしい．重大に扱わなければ危険である．（高知大）
2. パーティーのスピーチは人間のヘソみたいなもので，あるから役にたつというわけでもないが，なければないで物足らないのである．（大阪大）
3. 茶会は演劇に似ていると言ってもよい．主人は芝居の主役，茶室は舞台，客は観客であって，茶の湯のねらいはこれらの調和にある．（お茶の水女子大）
4. 百年以上たった書物なら，安心して読むことができる．それだけの歳月のふるいにかけられると，つまらないものは淘汰され，すぐれたものだけが残るからである．（中央大）
5. 秋のおだやかな午後，郊外のある町の果物屋の角を曲がろうとした時，流れてくる音楽の和らかな音色が一瞬，目に見えぬ手で私の足を止めた．（島根医大）

「歳月のふるい」というような陳腐な喩えをみると，初めて使われた時には新鮮で言語の柔軟さを示していたはずの喩えも固定化され概念化されていく運命にあることが分る．そうなってしまえば，喩えは柔軟さどころか，きちんとした分析と論理的展開を拒絶する傲慢さを守るために使われる．「彼のことをくそみそに言わないで」などと言われると「みそ」より「カレーライス」のほうが面白いのにと思ってしまう．その意味でたとえば，

> 人生は旅だ，といういい方があるが，旅は人生とちがって，一度しか経験できないものではない．そこが，旅と人生の一見似ていて，非なる点である．（同志社大）

（試訳）There is a saying that goes "life is a journey", but a journey

第12章 柔軟／傲慢――「喩え」を考える

differs from life in that we can go on a journey more than once. It is in this respect that the two are different though they appear to be similar.

と使い古された喩えに反省を加えることも必要であろう．もっともこれをやりすぎると,「彼女は薔薇だ．でも薔薇と違って…」ということの繰り返しになってしまうのだが．

〔練習問題の解答と解説〕

1. **Life is like a box of matches. It is stupid to deal with it seriously. On the other hand, it is dangerous to treat it lightly.**

 最初に「人生」＝「マッチ箱」という喩えが成り立ったのだから，後は両者を共通の it で表す．「人生を重大に扱う」"take life as some grave matter" は良いが，「マッチ箱」とは合わない．最後は "it is dangerous not to." もよい．

2. **Speeches at parties are something similar to pople's navels; they have no function but we feel that something is missing if they are not there.**

 「スピーチ」＝「ヘソ」を共通の代名詞で．日本語では主語を言わなければ良いのだが．"; having one is no guarantee of its usefulness, yet we miss it if it is not there" もよい．

3. **We may say that the tea-ceremony is a kind of theater. The tea master is the main actor of the drama, the tea house is the stage and the guests are the audience; the aim of Tea is their harmony.**

 「演劇」は「劇・脚本」"drama/play" だけではなく「観客」も含めて考える．"～like the theater" も可だが,「人生＝マッチ箱」,「スピーチ＝ヘソ」という類似性とは根本的に違う．「主人」"the host",「主役」
 "the hero",「観客」"the spectators/observers" もよい．「茶会＝演劇」という類比が成立したのだから，"like the main actor/like the stage/like the audience" とする必要のないのは和文の場合と同じ．

4. ① **Books older than a hundred years can be read with complete**

assurauce. When they have survived the winnowing basket of such a long time, worthless ones have been blown away and the excellent ones are left.

② We can trust books that have survived over a hundred years. When the books have survived such a long time, worthless ones have died out and only the best ones remain.

　小麦粉を「ふるい」"sieve"にかけて，下に溜る細かい粉を料理に使い，ふるいに残る塊を捨てる．一方，収穫した穀物などを殻やゴミ等と別けて必要な物だけを残す農具を「箕」"winnowing basket" それを人力機械化した物を「唐箕」"winnower" という．つまり「歳月のふるい」という喩えは本当は「歳月という箕」でなければならない．①はその喩えを使った訳．②では喩えを全く無視して事柄だけを表現した．その中間をとって第二文を次のようにしてもよい．"Only the best ones have survived the selection (test) of such a long time, while worthless ones have passed away."

5. **One calm autumn afternoon, as I was about to turn the corner in front of a fruit shop in a certain suburb, the soft sound of music floating toward me suddenly stopped me with its invisible hand.**

　「～午後」時格「に」がないことから英語でも前置詞が要らないのではと考える．「郊外のある町の果物屋の角」と「の」による名詞の連続をきちんと前置詞を使い分けて表わす．"in front of" のかわりに "before"，"a suburb" に "a suburban city" もよい．「目に見えぬ手」とは，聞覚えがあるのかその音楽の気になる一節の喩であるが，英語でもそのまま通ずると見た．心配なら "a phrase of soft music" と喩を読みといておけばよい．少し頭デカッチではあるが，"an invisible hand of soft music floating toward me stopped me suddenly" もよい．

実戦問題

1. 詩とは？　詩人とは？　我々は過去の一切の概念を放棄して，大胆に断言する．「詩とは爆弾である！　詩人とは牢獄の固き壁と扉

に爆弾を投ずる黒き犯人である」（日本女子大）

2. 外国語の勉強は，とくにはじめのうちは，大きな石を山の上まで運ぶようなものである．辛抱強く，一歩一歩頂上まで頑張る以外に道はない．あわてて一気にやろうとしてもだめだ．途中で休めば，すぐ振出へもどってしまう．（名古屋市大）

3. 「東京には空がない」とは智恵子の言葉である．それでも人々は都市に移り住むことをやめようとしなかった．そのあげく都市は，自然を破壊しながら膨脹を続け，今や日本全体が智恵子のいう「東京」になってしまった．（大阪薬大）

4. このごろは，電話ボックスやエレベーターまで透明になってきた．だがポストだけは透明にならないほうがいい．透明なポストのなかに，だんだんと郵便物がたまってゆく．その中身が透けてみえる．通る人は気になって仕方がないと思う．ポストには，さまざまな人生がつまっている．たとえば運命や決断や後悔が，いわば四角い薄い形になってつまっている．乱雑な街の風景のなかで，あそこだけに，まだあやしい夢が残っているような気がしている．（浜松医大）

5. 科学の進歩はしばしば山登りにたとえられてきた．それはしかし一つの高峰によじのぼることによって終わるのではない．一つの高峰の頂上に到達して見ると，新しい視野が開け，それから先あるところまでは順調に進んでゆけるのが常である．しかしさらにすすんでゆくと，やがて行く手により一層高い山がひかえていることを見いだす．地上の登山者にとっては，エベレストは最高峰であり，それ以上高い山がないことがわかっているが，科学の探求者にはどこに最高峰があるかは，あらかじめ知らされてはいない．行けども行けどもはてしない山脈が，どこかで終わって坦々たる平野に続くのか，それとも人知の力では超えることのできない絶壁にぶつかるのか，我々はそれを知らずに進んでゆくだけである．（東北大）

考え方

1. 詩とは？　詩人とは？
   * 「詩とは？」「何か」と補って考えればよい．"poems"も可だが，集合名詞"poetry"がよい．「詩人とは何か」とさらに自問する．

   我々は過去の一切の概念を放棄して，大胆に断言する．
   * 「過去の一切の概念」 "all past generalizations/concepts/fixed ideas".
   * 「放棄する」 "throw away/give up"でもよいが，少し厳しく"abandon/renounce". 分詞構文で文頭に書く．
   * 「大胆に断言する」 一種の manifesto である．"we boldly declare: ～".

   詩とは爆弾である！
   * 「詩とは爆弾である」「～に似ている」等と遠慮する必要はない．ウナギ文ではないかと考えなくてよい．但し，一つの詩が一つの爆弾．

   詩人とは牢獄の固き壁と扉に爆弾を投ずる黒き犯人である．
   * 「詩人とは～黒き犯人である」 人種差別につながる表現は避けた方がよい．犯罪者と呼ばれても社会常識に挑戦するという決意を込めればよい．"a wicked criminal/villain" 爆弾を使うのだから，"a determined guerilla"もよい．
   * 「牢獄の固き壁と扉」"the prison's solid walls and doors". 人間の情念を閉じこめる通念・常識・慣習という壮大な建物であるから，「留置所」"jail"は少し違う．隠喩ばかりで不安なら，「社会という牢獄」と工夫せよ．
   * 「爆弾を投ずる」"throw bombs".

2. 外国語の勉強は，とくにはじめのうちは，大きな石を山の上まで運ぶようなものである．　※
   * 「外国語の勉強」"the study of ～"も可だが，比喩の対象が V-ing

であることを考え合せよ．
* 「とくにはじめのうちは」"begining/early stages" を使って．
* 「大きな石を山の上まで運ぶ」"carrying ～ to the top of a mountain"．
* 「～ようなものである」"is like/is similar to"．

辛抱強く，一歩一歩頂上まで頑張る以外に道はない．
* 「～以外に道はない」"there is no other (alternative) way but to"．
* 「辛抱強く～頑張る」"to persist/persevere" または "to walk patiently"．
* 「一歩一歩」"step by step/one step at a time"．
* 「頂上まで」"until we arrive at the top" または簡単に "to the top"．

あわてて一気にやろうとしてもだめだ．
* 「あわてて一気にやろうとして」"try to hurry to the top/try to do it in a single effort/expect to be able to do it all at once"．
* 「だめだ」"it is no use (good) V-ing"．

途中で休めば，すぐ振出へもどってしまう．
* 「途中で休めば」"if you take a rest on the way"．"rest" を動詞にしても可．
* 「すぐ振出へもどってしまう」カミュ『シーシュポスの神話』を筆者は頭に置いている．※の「運ぶ」は "roll a stone up to the top" とした方がよいかもしれない．「自分が振出にもどっているのに気付く」と考える．「振出」"the start"．

3. 「東京には空がない」とは智恵子の言葉である．
* 「東京には空がない」もちろん阿多多羅山の上のような空がないの意であって，実際に空が無いわけではない．"Tokyo has no clear, blue sky" としてもよい．しかしこの誇張は英語でも通ずると見て，"There is no sky above Tokyo"．

* 「とは智恵子の言葉である」「と智恵子が言ったことがある」と考える.

それでも人々は都市に移り住むことをやめようとしなかった.
* 「それでも人々は〜やめようとしなかった」 現在にまでおよんでいる変化であるから現在完了で. "people have never stopped V-ing".
* 「都市に移り住むことを」「都市」は「大都市」.「引っ越す」"move into".

そのあげく都市は,自然を破壊しながら膨脹を続け,今や日本全体が智恵子のいう「東京」になってしまった.
* 「都市は〜膨脹を続け」 現在完了で.「膨脹する」"expand/swell".
* 「自然を破壊しながら」 分詞構文で.
* 「智恵子のいう『東京』」 "the Tokyo Chieko spoke of". 固有名詞が比喩的に使われて普通名詞化していく過程が現れている(文法:固有名詞).
* 「そのあげく〜今や日本全体が〜なってしまった」 現在完了または現在形.

4. ①〜⑤は,もしポストが透明だったら,という想像の話. ⑥以下は現在のポストに関する思い. 両者は関連しているが,和文も英文も段落を分けた方が良い.

このごろは,電話ボックスやエレベーターまで透明になってきた. ①
* 「このごろは〜透明になってきた」 変化の過程を示す必要はない. まさか透明人間 "an invisible man" のようにすっかり見えない電話ボックスなどは考えられないから,「透明 "seethrough/transparent" な材料でできている」と考える.
* 「電話ボックスやエレベーター」 "telephone booths and elevators".

だがポストだけは透明にならないほうがいい. ②
* 「だがポストだけは」ポスト "mailbox" 以外は何でも透明になってよいというつもりではないだろうから,「だけ」は冗語.
* 「透明にならないほうがいい」「そういう材料で作らないほうがよい

と思う」と考える．否定の位置に注意．または「ポストは今のままが良いと思う」．

<mark>透明なポストのなかに，だんだんと郵便物がたまってゆく．</mark> ③
* ③〜⑤は筆者の空想．③を"Suppose 〜"と始め，仮定法で．
* 「透明なポストのなかに」"inside the seethrough mailbox"．
* 「郵便物がたまってゆく」"the mail"は不可算．または"letters"．「たまる」は自動詞"pile up"．

<mark>その中身がみえる．</mark> ④
* ③とは切り離さずに一つの文にしたほうがよい．
* 「中身が透けてみえる」"we could see 〜"とするよりも"visible"を使って．

<mark>通る人は気になって仕方がないと思う．</mark> ⑤
* 「通る人」単に"people"．または"passers-by"．
* 「気になって仕方がない」④と同じく人間を主語にせず，「中身が人間の注意を引く」と工夫してみる．
* 「と思う」"I think"は不可．ありえないことを考えているのだから．

<mark>ポストには，さまざまな人生がつまっている．</mark> ⑥
* 「〜さまざまな人生が」"various lives are piled"は恐らく駄目．「人生」よりも「生きている人間」を連想してしまうからだ．「人生(の断面)＝手紙」という喩は和文でも意外性をもっているが，それが救われるのは⑦による．「人間のさまざまな物語」"various life stories"と考える．
* 「ポストには〜つまっている」「〜がある」"be/lie"．以上の喩を「解読」して「ポストの中身を開ければ様々な人生・人間があらわになる」と考えてもよい．

<mark>たとえば運命や決断や後悔が，いわば四角い薄い形になってつまっている．</mark> ⑦
* 「たとえば運命や決断や後悔が」"the destinies, decisions and regrets of many people"．「たとえば」は冗語．
* 「いわば」"as it were/so to speak"であるが，"in a sense"と軽く

考え文頭においてもよい．
* 「四角い薄い形になって」"thin, rectangular objects"であるが，結局封筒のこと．なお"square"は「正方形」．
* 「〜つまっている」"lie piled up in the 〜 objects"．または「封筒」を主語に"contain"を動詞に．

<mark>乱雑な街の風景のなかで，あそこだけに，まだあやしい夢が残っているような気がしている．</mark>⑧
* 「乱雑な街の風景のなかで」"in the confusion of city life/in the wasteland of city streets"．
* 「あそこだけに」"only there"を強調構文のなかにいれてもよいし，少し気取って倒置にしてもよい．
* 「あやしい夢が残っている」"mysterious (ambiguous/vague) dreams (hopes)"．
* 「ような気がしている」"It seems that"または「そこで夢を見付けられる」．

5. <mark>科学の進歩はしばしば山登りにたとえられてきた．</mark>①
* 「科学の進歩は〜たとえられてきた」"be compared (likened) to"．現在完了．
* 「山登り」"mountain climbing/climbing mountains/mountaineering"．

<mark>それはしかし一つの高峰によじのぼることによって終わるのではない．</mark>②
* 「それはしかし」②〜④は科学の進歩と登山が同一になるよう代名詞を工夫．
* 「〜よじのぼることによって終わる」"end by climbing a hjgh peak"．

<mark>一つの高峰の頂上に到達して見ると，新しい視野が開け，それから先あるところまでは順調に進んでゆけるのが常である．</mark>③
* 「(一つの高峰の)頂上に到達して見ると」when節．「頂上」"top/summit"．

* 「新しい視野が開け」"get a wider (fresh) view".
* 「そこから〜常である」"can usually proceed (walk/climb) easily from there to a certain distance (point)".

しかしさらにすすんでゆくと、やがて行く手により一層高い山がひかえていることを見いだす。④

* 「しかしさらにすすんでゆくと」 as 節.「さらにすすむ」"advance farther".
* 「行く手に」"along the way/in one's way".
* 「〜山がひかえていることを見いだす」"find a mountain". または、「山に直面している」と考え、"be confronted by/be faced with".

地上の登山者にとっては、エベレストは最高峰であり、それ以上高い山がないことがわかっているが、科学の探求者はどこに最高峰があるかは、あらかじめ知らされてはいない。⑤

* 「地上の登山者」「科学の進歩」=「山登り」という常識的喩に反省を加えている。「地上の」は「本当の」"real/actual" でよい.
* 「エベレストは最高峰であり」 もちろん最上級で書けばよい.
* 「それ以上高い山がない」 比較級できちんと訳してもよいし、同語反復的冗語と見てもよい。上の点と合わせて "there is no higher mountain than Everest" も可.
* 「科学の探求者」"scientific explorers" であるが、結局 "scientists" のこと.
* 「どこに最高峰があるかは」 where 節.「何が最高峰か」と考え、what 節も可.
* 「あらかじめ知らされてはいない」"be not told (don't know) beforehand".

行けども行けどもはてしない山脈が、どこかで終わって坦々たる平野に続くのか、それとも人知の力では超えることのできない絶壁にぶつかるのか、我々はそれを知らずに進んでゆくだけである。⑥

* 「我々は」 筆者が科学者であるのか、科学者になりかわって書いているのか分からないが、⑤の「科学の探求者」の話を展開しているの

であるから三人称の代名詞を使う．"the Japanese" を日本人の書き手が "we" で指す場合があるが，不可．
* 「行けども行けどもはてしない山脈が」"continuous (inexhaustible) mountains"
* 「どこかで終わって坦々たる平野に続く」「坦々たる平野で終わる」と考えよ．
* 「人知の力では超えることのできない絶壁」"a cliff (precipice/wall/barrier) unconquerable by human intelligence"．関係詞節も使ってみよ．
* 「ぶつかる」「直面する」．
* 「それを知らずに」分詞構文で．
* 「進んでゆく」"go forward"．

長い文であったが，いざ取り掛かって見ると意外に易しかったと感じているならば，和文英訳の基本的構えが身についたと言える．長い間，ご苦労さま．次章は付録．

作例

1.

(1) What is poetry? What are poets? Abandoning all past concepts, we boldly declare: "A poem is a bomb. A poet is a wicked criminal who throws bombs at the prison's solid walls and doors".

(2) What are poems? What are poets? Renouncing all fixed ideas of the past, we boldly declare: "A poem is a bomb. A poet is a determined guerilla who throws bombs at the solid walls

and doors of society's prison".

2.

(1) Studying a foreign language, especially in the beginning, is like carrying a rock to the top of a mountain. There is no other way but to persevere, one step at a time, until we arrive at the top. It is no good expecting to be able to do it all at once. If we rest on the way, we soon find ourselves back at the start.

(2) The study of a foreign language, especially at its beginning, is similar to rolling an enormous stone up to the top of a mountain. There is no alternative way other than to walk patiently step by step to the top. It is useless to try to do it in a single effort. If we rest along the way, we soon find ourselves back where we started.

3.

(1) Chieko once said, "There's no sky above Tokyo." Still, people have never stopped moving into large cities. They have continued to expand, destroying nature, and now finally all of Japan has become the Tokyo Chieko spoke of.

(2) Chieko once remarked, "Tokyo has no sky." People, however, have never ceased to move into towns and

cities. Urbanized areas have continued expanding, destroying nature, and now the whole of Japan is the Tokyo Chieko spoke of.

4.

(1) These days telephone booths and elevators are made of seethrough materials, although I don't think mailboxes should be made of such materials. Suppose letters were to pile up inside the seethrough mailbox, the contents would be visible. I imagine it would draw people's attention.

Various life stories lie in the mailbox. In a sense, the destinies, decisions and regrets of many people lie piled up in the many thin, rectangular objects. It seems that in the confusion of city life it is only there that mysterious dreams remain.

(2) These days seethrough materials are employed to make telephone booths and elevators, although I think mailboxes should remain as they are. Suppose the mail were to pile up inside the transparent mailbox and the contents were visible. I imagine it would draw the attention of passers-by.

Various lives would be revealed if you opened the contents of the box. In a sense, those thin, rectangular envelopes contain the destinies, decisions and regrets of many people. In the wasteland of the city streets, only there can we find the ambiguous dreams.

5.
- (1) The progress of science has often been compared to climbing mountains. It does not end, however, by climbing a high peak. When we reach the top, we get a fresh view and can usually proceed easily from there to a certain distance. But as we progress farther, eventually we will find a higher peak in our way. An actual climber knows that Mt.Everest is the highest mountain and that there can be no higher peak. But the scientific explorer is not told beforehand where the highest peak is. He goes forward not knowing whether the continuous mountains will end at a smooth plain or whether he will face a cliff unconquerable by human intelligence.
- (2) Scientific progress has frequently been likened to moutaineering. It does not end, however, by climbing a high peak. When one reaches the summit, he gets a wider view and can usually walk easily from there to a certain point. But as he advances farther, he will be confronted by an even higher mountain along the way.

Real climbers know that there is no higher mountain than Everest. But scientists do not know beforehand what the highest peak is. They go forward without knowing whether the inexhaustible mountains will open on to a vast, level plain or whether they will be confronted by a precipice that cannot be transcended by human reason.

第13章　終わりのない終わり——言葉をめぐる随想

> 1. 二人は夜道を並んで歩いていた．「きれいな空だね．明日は晴れるだろう．」彼が話すことといえば天気のことだけだった．彼は非常に幸福で，ただ歩いているだけで満足だった．だが彼女はいつの日かあらわれる恋人を夢見ていた．となりの男はその夢と何のかかわりもなかった．（共立女子大）

　言葉による交流は参加者が交流を成り立たせようと思っている場合にのみ可能である．即ち，聞く意志を持たぬ者にとって他者の話し声は雑音に過ぎない．だが，本当にそうであろうか．人間は赤ん坊の泣声を聞けば，「何とかしてあげなくては」と思うように遺伝的に決定されているとの説がある．あるいは，普通右脳で処理される小川のせせらぎ・虫の声等を，日本語圏およびポリネシア語圏で育った人は言語中枢のある左脳で処理するという研究もある．「彼」の声が「彼女」の言語中枢にまで届き，少なくとも虫の声以上に「彼女」の心を動かすことを祈らずにはいられない．

> 2. 他人の気持ちを知りたいという願い，これはとても難しいことです．自分の気持ちを人に伝えることさえ困難なのに，他人の心を知ろうとしてもほとんど不可能です．でも，知りたいですよね，自分が恋している相手の気持ちって．（横浜市大）

　相手の気持ちを何で知るのであろうか．目が口ほどにものを言う場合もあろう．あるいは，手がまたは他の器官がものをいう場合もあろう．だが既にこの「ものをいう」という喩の中に自ずと答が出ているではないか．言葉で知りたいのだ．言語という魔物にとりつかれた生物である人間は，身振りだけでは，肉体的接触だけでは，満足しない．ようやく言葉をあや

つれるようになった幼児が日に何度母親の愛情を言葉で確めようとするかを観察するだけでそのことが分る．

> **3.** ことばは私たちの文化・日常生活において大きな役割を演じている．ことばは文化を，そして文化はことばを生み，相互に作用してきた．使い方によってはおそろしい戦争をも起こし得る力を持ち，また一言，二言によって人をこよなく幸せにすることもできる．（宇都宮大）

と，まあ大雑把に言えば上のように纏められる．大量の死と破壊をもたらす戦争も，こよない幸せという情動も人間の文化＝言葉によって惹起される．言葉が，電算機による情報の交換・数学的議論といった表層から生死にかかわる情動という深層まで人間の全存在を貫いていると知っているからこそ，

> **4.** 子供が生れてくると，親はその仕合せを願って名前をつける．どんな不幸せな子供でも，名前だけは持っている．われわれが飼っているつまらない犬や猫だって，みんなそれぞれの愛称で呼ばれている．文字通り名もないような路傍の雑草さえ，人間が命名した名前がついている．（一橋大）

命名は呪術なのだ．あまたある言語起源論の中に，言語は呪術として始まったという説があるか否か不勉強で知らないが，あってもよさそうではないか．だから国籍を得ようとする人に親からもらった名前を捨てさせて，その国風の名前を強要する国は呪術などという原始的心情を断ち切った真の近代国家なのである（これはもちろん皮肉）．名前がたんなる符号ではなく，人間の存在に深くかかわっていることは，今日でも大抵の恋は「君の名は」と尋ねることで始まることからもみてとれよう．忍者はその名を敵に知られた時が死なのである（本当かな）．

5. 人や物に名前をつけるということは，それを無から拾いあげて，生かしてやることだ．たとえ恐怖や不安にかられてでも，憎しみのあまりにでも，相手の名前を呼ぶことは，それを認め，受け入れることである．われわれは宇宙の果てからミクロの世界に至るまで，ありとあらゆるものの名を呼ばずには，一瞬たりとも生きては行かれない．（一橋大）

「無から拾いあげる」という時の「無」は決して，「虚無・虚空」ということではない．「無差別に存在し，境目のない世界」のことであり，「拾いあげる」とはそれに言葉による切れ目を入れることである．「川」という言葉が川を現前せしうる．そして，「カワ」という音声に「川」という心像がくっついた時，人類の言語が生れ，人間の不幸が始まった．境目のない世界に別れを告げ，ありとあらゆるものを言葉の内に取り込みながら，世界に切れ目を入れ，同時に「言葉の世界」を造り出してきたのである．いわくいい難い物があると感ずれば，それに「曰くいい難い物」と名を付けた．そして言葉の世界に「曰くいい難い物」があるなら，現実にもいわくいい難い物がある筈だという倒錯をも生み出してきたのである．

6. 「松はみどり」で「空は青い」というのは観念である．よくみれば松はいつもみどりとは限らず，空の青さも千差万別だ．影が黒くないという主張から近代絵画が始まったのである．（立命館大）

松がみどりで空が青い，と「物語り」を行なう時にはまだ失われていない新鮮さも，松は緑，空は青い，と「品定め」に使われれば，慣習化され決まった意味しか持たない（と思われる）言葉の世界に現実を合わせる陳腐さに変化する．人間は現実に生きているのではなく，言葉の世界に生きているのだと言ってもよい．宇宙の果てからミクロの世界まで言葉の外皮に包まれているからだけではない．生死を支配する情動も，己が存在の原点も呪術的言葉に左右されているからだ．我々は陳腐に生れ，陳腐に世界

を見て，陳腐に欲情し，陳腐に生き，死んでいく．この呪縛を爆砕するものは何か．ある人達はそれが芸術であると言う．詩だと言う．つまり，言葉だ．

あるいは，言葉の綻びに思考の糸を垂らして見るという手もあるかもしれない．人間の言語の不完全さを確かめることで言葉以前のものを救い出そうという試みである．

> **7.** 鯛（a red tai）を食べたことのない人に鯛の味を説明しろといわれたら，皆さんはどんな言葉を選びますか．おそらくどんな言葉を用いても言い表わす方法がないでしょう．このようにたった一つの物の味でさえ伝えることができないのですから，言語というものは案外不自由なものであります．（京都大）

魚心あれば水心，以心伝心，目は心の窓等，言語表現を越えた・あるいはそれ以前の了解をさす言葉も多い．鯛の味は伝えられなくとも，鯛の味を知っている人同士は，味覚という生物的共通性によりかかって「鯛はやっぱり鯛ですな」と言葉にもならぬ言葉を交わすことができる．

だがそうだろうか．「鯛」"sea bream" ＝「海の鮒」としか考えられない人にとって，鯛がそれほど美味であるわけもないし，「腐っても鯛」と思うわけもない．人間の知覚も確実に言語＝文化の干渉を受けている．「言語の不自由さ」の証明は決して言語からの自由の根拠となり得ない．むしろそれは不完全な言語に呪縛されている人間の業の深さを思い知る契機となるだけだ．

「不立文字・只管打坐」を掲げる禅の師家がおびただしい量の文書を書き散らし，信ぜられないほどに饒舌であることを嘲笑ってはならない．言葉に対する苛立ちと不信感を「行」で超克しようという呼び掛けを，言葉でせざるを得ないところに彼等の絶対矛盾の自己同一がある（結局，嘲笑ってしまったか）．

8. 私は人間の話は不完全，難解で誤解され易く，はなはだまずい話しぶりだと述べた．それでは人間の言語生活は誤解だらけかと言うと，そうではないこと，これは是非はっきりとさせておかなければならない．それは人間は，たとい不完全な話でもなんとかして正しく聞き取ろうとする熱意をもっているからである．（大阪大・一部改）

　言葉による交流を可能にしているのは「熱意」である．人間の相互理解の約7割は身振りや表情などの非言語的手段によって行なわれているとの研究を見た覚えがあるが，それが「交流への熱意」の身体的現れである．片言の外国語を操るよりも，ニッコリ笑って「こんにちは」と言ったほうが（但し，笑っただけでは駄目）こちらの好意がよく伝わることもあろう．交流への熱意があって初めて言葉が「ものをいう」．

　たとえ天気の話しであってもそれがいかなる熱意を秘めているかが問題なのだ．「和文英訳」という仕事も和文の中に熱意を感じとることができた時，滑らかに行ない得た．それならいっそ言葉を捨て熱意そのものへ立ち戻れと主張しても駄目である．熱意は必ず言葉の回路を通じてものをいうのであり，詩の爆風がかいまみせるものを説明しようとすれば，陳腐な言葉に頼るよりほかはない．

　言葉に憑依された生物である人間が言葉と縁を切ろうとするなら，絶対の沈黙＝死しかない．それ故，命ある間は，

9. とにかく，何か喋ろう．自分について何か喋ることから全てが始まる．それがまず第一歩なのだ．正しいか正しくないかは，あとでまた判断すればいい．僕自身が判断してもいいし，別の誰かが判断してもいい．いずれにせよ，今は語るべき時なのだ．そして僕も語ることを覚えなくてはならない．（京都大）

考え方

1. 二人は夜道を並んで歩いていた.
   * 「夜道」"evening street" とは言わない.「暗い道」.
   * 「並んで」"side by side".

   きれいな空だね．明日は晴れるだろう．
   * 「きれいな空だね」「空を見てごらんよ」と工夫.

   彼が話すことといえば天気のことだけだった．
   * 「彼が〜天気のことだった」"his topic always seemed limited to the weather"でも分かるが，「彼が口を開けばいつも天気のことだった」と考える.

   彼は非常に幸福で，ただ歩いているだけで満足だった．
   * 「ただ歩いている」 もちろん「彼女と一緒に」を補う.

   だが彼女はいつの日かあらわれる恋人を夢見ていた．
   * 「いつの日かあらわれる恋人」"a boyfriend" より古めかしいが"lover". 関係詞節と to-V と二通り工夫せよ.

   となりの男はその夢と何のかかわりもなかった．
   * 「となりの男はその夢と」「その夢はとなりの男と」としたほうが書きやすい.

2. 他人の気持ちを知りたいという願い，これはとても難しいことです．
   * 「〜という願い，これは…」 和文の乱れを訂正して「〜と願っているがそれは」.
   * 「他人の気持ち」 what 節. how 節でもよい.

   自分の気持ちを人に伝えることさえ困難なのに，他人の心を知ろうとしてもほとんど不可能です．
   * 「人に」 この文脈では「他人」＝「特定の人」"the other",「人」"another".
   * 「伝える」 伝えるのはもちろん言葉によって. "tell another".
   * 「他人の心〜不可能です」「まして…はもっと」"much less" が

第13章　終わりのない終わり──言葉をめぐる随想　179

使えれば簡単.「心を知る」に状態動詞 "know" は不可."read/discern".

でも，知りたいですよね，自分が恋している相手の気持ちって．
* 「恋をしている相手」"the one we love". 父母・兄弟ではないことをはっきりさせたければ，"the one we are in love with".

3. ことばは私たちの文化・日常生活において大きな役割を演じている．
* 「ことば」人類に共通する言語という現象．無冠・単数で．
* 「文化・日常生活」別々のものとしてもよいが，"the culture of our daily life/our culture, i.e. our daily life" と一つのものとしてもよい.

ことばは文化を，そして文化はことばを生み，相互に作用してきた．
* 「ことばは文化を～生み」「生む」"give birth to". 同じ言葉を繰り返してもよいが，「逆もまた同様」"and vice versa" を使えば簡単．
* 「相互に作用してきた」ここを述語にして，その他の部分を分詞構文で．

使い方によってはおそろしい戦争をも起こし得る力を持ち，また一言，二言によって人をこよなく幸せにすることもできる．
* 「使い方によっては」"depending on its use". または「使い方が悪ければ」と考える．
* 「一言，二言によって」無生物主語にする．"(if it is) used skilfully" とするか，主語に "well chosen" と足してやる．

4. 子供が生れてくると，親はその仕合せを願って名前をつける．
* 「親は～願って」分詞構文で．"a baby" は正式には "it" で指す．"he/she" も可．
* 「名前をつける」"attach a name to it/give it a name".

どんな不幸せな子供でも，名前だけは持っている．
* 「どんな不幸せな子供でも」"no matter how" の構文でも，主語を修飾しても可．
* 「名前だけは持っている」「だけ」は冗語．「名前」"its own name".

われわれが飼っているつまらない犬や猫だって，みんなそれぞれの愛称で呼ばれている．
* 「われわれが飼っている」"we keep at home" であるが，その動物を「ペット」と呼ぶ．
* 「つまらない」冗語と見るか，「ありふれた」"ordinary"．
* 「愛称」犬や猫に戸籍はないので「愛称」は "names" でよい．

　　文字通り名もないような路傍の雑草でさえ，人間が命名した名前がついている．
* 「文字通り名もないような路傍の雑草」"literally" を使えないことは明らか．"seemingly nameless weeds" か "whose names we rarely know" と考える．
* 「名前がついている」「名前を持っている」．

5. 人や物に名前をつけるということは，それを無から拾いあげて，生かしてやることだ．
   * 「人や～ことは」 to-V を主語に．
   　「それを～やることだ」"to pick it out of nothingness and give it life" として意味が通ずるか否かは，読む人がどの程度ものを考える人であるかによる．本文中に解説したことが分かっているなら，"to give life to that which we have been indifferent about" または "～ which has been undifferentiated" と説明する．

   　　たとえ恐怖や不安にかられてでも，憎しみのあまりにでも，相手の名前を呼ぶことは，それを認め，受け入れることである．
   * 「たとえ～でも」"even if we do so out of ～"．後は名詞を三つ並べる．
   * 「相手」「相手」は本書中でも苦労を重ねた言葉であるが，この相手は，赤ん坊，犬・猫・雑草，超銀河集団から素粒子までを含まねばならない．"entity" しかない．
   * 「名前を呼ぶ」「名付ける」"name"，または「名で呼ぶ」"call ～ by its name"．

* 「〜ことは〜ことである」"to-V is to-V"でよい.

われわれは宇宙の果てからミクロの世界に至るまで，ありとあらゆるものの名を呼ばずには，一瞬たりとも生きては行かれない．

* 「〜ずには〜行かれない」"not 〜 without V-ing" という構文は見えたであろう.
* 「ありとあらゆるものの名を呼ぶ」 今度は「名付ける」では駄目．「名で呼ぶ」
* 「宇宙の〜世界に至るまで」 この部分を「あらゆるもの」につなげるとゴタゴタした文になるので,文を一旦完結して, "—"で結んで「あらゆるもの」と同格にする．「宇宙の果て」"outer space"．「ミクロの世界」"the sub-atomic realm".

6. 「松はみどり」で「空は青い」というのは観念である．
    * 「松は」 品定めの「は」に対応するのは，少し古めかしいが「総称の the ＋単数」．
    * 「松はみどり」「空は青い」 それぞれ一個の名詞で主語になる．
    * 「観念である」"concept/notion"では通じない．「固定観念」"fixed ideas".

    よくみれば松はいつもみどりとは限らず，空の青さも千差万別だ．
    * 「よくみれば」 簡潔な表現はない．if 節で．
    * 「空の青さも千差万別だ」"the blue of the sky"を主語に．「大きく変化する」．

    影が黒くないという主張から近代絵画は始まったのである．
    * 「影が黒くない」"black"は「黒色」の意．"dark"を使う．"black"を使うなら「黒色に塗ってはならない」と考えよ．
    * 「主張から〜始まった」"started (began) with the argument".

7. 鯛（a red tai）を食べたことのない人に鯛の説明をしろといわれたら，皆さんはどんな言葉を選びますか．
    * 「鯛を食べたことのない人」 関係詞節は現在完了で．「人は」単・複

いずれでも.
* 「説明しろといわれたら」 "if you are asked to-V" であるが，仮想上のことだと考え，仮定法過去 "were"，同未来 "should be" でもよい．
* 「～を選びます」 前項での形を使ったかで "will" と "would" を使い分ける.

おそらくどんな言葉を用いても言い表わす方法がないでしょう．
* 「どんな言葉を用いても」 "in (with) words"．または "no words" を主語にして．"no matter what words you use, you ～" でもよい．

このようにたった一つの物の味でさえ伝えることができないのですから，言語というものは案外不自由なものであります．
* 「このように」 "as this example shows"．
* 「たった一つの物の味」 "the taste of a single thing"．
* 「言語というもの」 「言葉」は単語の意．「言語」はその集合体．
* 「不自由な」 "not free" ではない．「不便な」"inconvenient" よりも「無能な」"inefficient" だろう．「言語の働きには限界がある」と考えてもよい．

8. この文章自体が，その主張を具体化しているものであるので，整理が必要．

私は人間の話は不完全，難解で誤解され易く，はなはだまずい話しぶりと述べた．
* 「私は～と述べた」 これまで語ったことの要約をしている部分．ここだけ過去．
* 「人間の話は」 これが主語であることは間違いない．しかし「まずい話しぶり」は述語にならないから，「不完全，難解」までを述語にして，後半を「話し方がまずいと誤解されやすい」とまとめる．あるいは「不完全」だけを述語にして，「難解」も後半に回す．

それでは人間の言語生活は誤解だらけかと言うと，そうではないこと，これは是非はっきりとさせておかなければならない．
* 「言語生活」 "the world of language/the verbal aspect of human

life".
* 「〜かと言うと，そうではない」 前半を疑問文にして，"No"とすぐ否定する．
* 「はっきりさせる」"make O clear"．または「そうでないこと」をthat 節にして，主語，補語を"what I must clarify (insist/declare)"とする．

<mark>それは人間は，たとい不完全な話でもなんとかして正しく聞き取ろうとする熱意をもっているからである．</mark>

* 「それは〜からである」"this is because/the reason is that"．
* 「たとい不完全な話でも」「話しが不完全でも」「下手に語られたことでも」．
* 「〜熱意をもっている」「熱心である」"be eager to"．「熱心に」と副詞も可．

9. とにかく，何か喋ろう．
* 「何か喋ろう」後出※※で「僕も」とあるのだから，それまでは世間一般に対する呼び掛け．「喋る」"say something"でよいが，「率直に語る」"speak out (up)"でも可．

<mark>自分について何か喋ることから全てが始まる．</mark>

* 「全てが始まる」"everything begins with (by) V-ing"．主語は"it all"も可．

<mark>それがまず第一歩なのだ．正しいか正しくないかは，あとでまた判断すればいい．</mark>※

* 「正しいか〜か」 主語は自分の語ること（what 節）．whether 節にする．
* 「あとでまた判断すればいい」"can be judged (determined/decided/evaluated) later"．whether 節を主語に．または仮主語"it"も可．※の「それ」を"it"で受けて"we can leave the judgement of its correctness to the future"もよい．

<mark>僕自身が判断してもいいし，別の誰かが判断してもいい．</mark>

* 「僕自身」 夢中になって喋っている人に論理的一貫性を要求するのは酷であるが，ここは世間に対する呼び掛けの中.「自分自身」と訂正して考えよ.

<u>いずれにせよ，今は語るべき時なのだ.</u>

* 「いずれにせよ」 "in any case（event）/at any rate".
* 「語るべき時」 "the time to-V". 節にすると仮定法を使わねばならない.

<u>そして僕も語ることを覚えなくてはならない.</u>　※※

* 「語ることを覚える」 "learn to speak"では，これまで失語症にかかっていたかのように響く. "express myself" がよい.

作 例

1.

(1) They were walking along the dark street side by side. "Wow, look at the sky. It'll be fine tomorrow. "When he did say something, it was always about the weather.

　　He was very happy and satisfied with just walking with her. But she was dreaming of her lover who would appear someday. Her dream had nothing to do with the man walking beside her.

(2) They were walking side by side down the dark street. "Look, what a sky! It should be nice tomorrow". When he did say something, it was always about the weather.

　　He was very happy and it was enough for him just to walk with her. But she was dreaming of someone to love in the near future. Her dream had nothing to do with the man next to her.

2.

(1) Everyone wishes to know how the other person feels, but this is very difficult. It is difficult enough to tell another what we feel, much less can we read what the other person feels. Still, we want to know, especially how the one we love feels.

(2) All of us want to know what the other person thinks. But this is almost impossible. It is extremely difficult to say in words what we feel, much less can we read the mind of another. Still, we wish to know especially how the one we are in love with feels.

(3) All of us want to know what someone else is thinking. However, this is virtually impossible. It's difficult enough to express our own feelings, much less surmise another's thoughts. Be that as it may, we particularly want to know what our loved ones are thinking.

3.

(1) Language plays a great role both in our culture and in our daily life. They have mutually interacted with each other —language giving birth to culture and culture to language. Language can cause war if it is misused. On the other hand,

    a well chosen word or two can make people extremely happy.
- (2) Language fuctions both in our culture and in our day-to-day lives. The two mutually interact with one another—language giving birth to culture and vice versa. Misuse of language can lead to war. On the other hand, a well-directed word can bring people great joy.
- (3) Language plays a great part in our culture, i.e. our daily life. They have mutually interacted with each other, language giving birth to culture and vice versa. Language has the power to cause war depending on its use. On the other hand, used skillfully, it can bring great joy to someone.

4.

- (1) When a baby is born, parents give it a name, wishing for its happiness. Even a very unfortunate child has its own name. Ordinary pets like cats and dogs are called by their own names. Even seemingly nameless weeds along the side of the road have names people have given to them.
- (2) When a baby is born, parents attach a name to it, wishing for its well-being. No matter how unfortunate a child is, at least she has her own name. Even cats and dogs we keep at home have their own names. Even the weeds along the roadside whose names we rarely know have names that we

have given them.

5.

(1) To name a person or a thing is to give life to that which we have been indifferent toward. To name an entity is to recognize and accept it, even if we do so out of fear or anxiety or extreme hatred. We cannot live even for a moment without addressing all things by their names—everything in outer space as well as everything in the subatomic realm.

(2) To name a person or a thing is to pick it out of nothingness and give it life. To call an entity by its name is to admit and accept it, even if we do so because of dread or worry or even hatred. We cannot live even for a moment without calling all things by their names, whether they are celestial bodies or microscopic beings.

6.

(1) "The pine tree is green" and "The sky is blue" are fixed ideas. If you look at them more carefully, pine trees are not necessarily green and the blue of the sky varies greatly. Modern painting started with the argument that shadows are not dark.

(2) "The pine tree is green" and "The sky is blue" are set ideas.

If you take a good look at them, pine trees are not always green and shades of blue of the sky are limitless. Modern painting began with the notion that shadows should not be painted black.

7.

(1) If you are asked to explain the taste of a red tai to those who have never had it, what words will you choose to describe it? Probably no words can describe it. We cannot even convey the taste of a single thing to others as this example shows, so we may say that language is surprisingly inefficient.

(2) If you are asked to explain the taste of a red tai to someone who has never had it before, how would you verbally describe it? In a sense, we cannot reach it with words. If the taste of a thing cannot be described in words, is it going too far to suggest that the function of language has limitations?

(3) If you were asked to describe the taste of a red tai to someone who has never eaten it, what words would you use to describe it? There is probably no way to describe it in words. We cannot, as this example shows, convey the taste of one thing, and so we may conclude that the function of language is limited.

8.

(1) I said that human speech is imperfect and difficult to understand and that what is said is often poorly spoken and is easily misinterpreted. So then, is the verbal aspect of human life filled with mistakes? No. Here is something I must make perfectly clear. This is because human beings are eager to understand correctly even though speech is imperfect.

(2) I said that language is not perfect and that when it is poorly used it is difficult to understand and sometimes leads to misunderstanding. So is the world of language filled only with misunderstanding? That it is not so is what I must declare. The reason is the human beings try passionately to catch what might have been expressed awkwardly.

9.

(1) Anyway, let's say something. It all begins with talking about oneself. That is the first step. Whether what is said is true or not can be judged later. It can be determined by oneself or by someone else. In any event, now is the time to speak out. So I have to learn to express myself.

(2) Anyway, let us not remain silent. Conversation unfolds by first talking about oneself. That is the beginning. Evaluation as to the truth of what is said can be made later. We can

realize this by ourselves or someone else can point it out to us. There couldn't be a better time to speak up than right now. I, too, need to learn better self-expression.

(3) Anyway, let's speak out. Everything begins by saying something about ourselves. That is the very first step. It can be evaluated later on as to whether or not what we say is correct. We can determine this by ourselves or let others do so. In any case, now is the time to speak up. So I, too, have to learn to express myself.

「まれびと」
　　　人びとの終りから
　　　きみははじめる
　　　なぜなら　きみは　　　　観衆は去り
　　　遠くから来たから　　　　幕はしずかにおり
　　　　　　　　　　　　　　　沈黙の夜風しめる舞台に
　　　　　　　　　　　　　　　弾け　きみよ語れ

　　　師岡笑子『さかのぼれぬ舟よ・ひとたび・かいま見せよ』（創樹社）

```
┌─ 著者略歴 ─────────────────┐
│ 長島貞樹（ながしま・さだき）        │
│  1942年　東京生れ．                │
│  1971年　京都大学大学院から除籍される．│
│          「使い捨て時代を考える会」会員 │
│  著　書『また，いけん君が代』（共著，阿│
│          吽社）ほか                  │
└──────────────────────┘
```

スーパー和文英訳法

1992年7月10日　初版第1刷発行
2012年8月10日　新装版第1刷発行

著　者　長島　貞樹

発行者　森下紀夫
発行所　論　創　社

〒101-0051　東京都千代田区神田神保町2-23　北井ビル　tel.03(3264)5254
fax.03(3264)5232　振替口座　東京00160-6-155266　論創社
web.http://www.ronso.co.jp/

印刷・製本／中央精版印刷　　装幀／宗利淳一　　組版／フレックスアート
ISBN978-4-8460-1168-0　ⓒ 2012 NAGASHIMA Sadaki, printed in Japan

落丁本・乱丁本はお取替えいたします